Yvonne Willicks

Glaube ganz einfach

Yvonne Willicks

Glaube ganz einfach

Eine persönliche Spurensuche

BONIFATIUS

Bibliografische Information der Deutschen Nationalbibliothek:
Die Deutsche Nationalbibliothek verzeichnet diese Publikation in der Deutschen Nationalbibliografie; detaillierte bibliografische Daten sind im Internet über http://dnb.d-nb.de abrufbar.

Alle Rechte vorbehalten. Das Werk darf – auch teilweise – nur mit Genehmigung des Verlags wiedergegeben werden, denn es ist urheberrechtlich geschützt. Die automatisierte Analyse des Werkes, um daraus Informationen insbesondere über Muster, Trends und Korrelationen gemäß § 44b UrhG („Text und Data Mining") zu gewinnen, ist untersagt.

Der Verlag weist ausdrücklich darauf hin, dass bei Links im Buch zum Zeitpunkt der Linksetzung keine illegalen Inhalte auf den verlinkten Seiten erkennbar waren. Auf die aktuelle und zukünftige Gestaltung, die Inhalte oder die Urheberschaft der verlinkten Seiten hat der Verlag keinerlei Einfluss. Deshalb distanziert sich der Verlag hiermit ausdrücklich von allen Inhalten der verlinkten Seiten, die nach der Linksetzung verändert wurden, und übernimmt für diese keine Haftung. Alle Internetlinks zuletzt abgerufen am 12.1.2024.

Klimaneutrale Produktion.
Gedruckt auf umweltfreundlichem, chlorfrei gebleichtem Papier.

1. Auflage 2025

Copyright © 2025 Bonifatius GmbH Druck | Buch | Verlag
Karl-Schurz-Str. 26 | 33100 Paderborn | Tel. 05251 153-171
buchverlag@bonifatius.de
Umschlaggestaltung: Weiss Werkstatt München, *werkstattmuenchen.com*
Umschlagfoto: © Melanie Grande
Satz: Bonifatius GmbH, Paderborn
Druck und Bindung: Pustet, Regensburg
Printed in Germany

ISBN: 978-3-98790-069-3

www.bonifatius-verlag.de

Inhalt

Vorwort 7

EINLEITUNG 9

1. AUF SPURENSUCHE 15
2. SPÜRBAR GUTES 54
3. MITTEN IM LEBEN 83
4. FESTE FEIERN 134
5. ZUVERSICHT ERFAHREN 169
6. DAS GUTE ERKENNEN 179

Nachwort..196
Quellen 199

Vorwort

Ein Blick in ihr Herz

Mut, Freude und Glaubwürdigkeit. Diese drei Worte fallen mir direkt zu Yvonne Willicks ein, denn so erlebe ich sie: Sie ermutigt Menschen, sie strahlt Lebens- und Glaubensfreude aus, und sie ist glaubwürdig in ihrem Tun.

Vor einigen Jahren durfte ich sie als neues Mitglied in das Kolpingwerk aufnehmen. Für sie war ihr Engagement klar. „Adolph Kolping ist mit seinem Programm und seinem Werk aktuell in unserer Zeit", hat sie gesagt.

Durch ihren tief verwurzelten Glauben wird sie getragen. Gott, Glaube und Kirche bleiben bei ihr nie abstrakt. Es geht nicht um Theorien oder Denkmuster, sondern um gelebten Glauben.

Yvonne Willicks stellt den einzelnen Menschen in den Mittelpunkt, sie zeigt spürbar ein großes Interesse an Menschen. Das kommt nicht von ungefähr. Sie weiß sich selbst als Mensch von Gott angenommen und geliebt – deshalb kann sie so offen von Gott sprechen wie auch schreiben!

Ihr Buch ist ein Blick in ihr Herz. „Glaube – und damit Gott – begegnet uns überall", sagt sie. Ihr eigenes Verwurzeltsein im Glauben und in Gott hat nichts Starres oder

Enges, sondern geht in die Weite. Sie schreibt über den Glauben, der Kraft gibt, der sich lohnt, der froh macht.

Sie schreibt von einem Gott, mit dem wir alle gerne in Kontakt sein wollen, und sie verdeutlicht, dass dies im normalen Leben möglich ist. Ihr Nachdenken über das Beten, die Glaubenssymbole, über Glocken, Engel und die Bibel, ihre Gedanken zum Vertrauen, zum Sonntag, zum Kreuz, zum Tod und zur Ewigkeit laden ein, die eigenen Glaubensfragen zu Lebensfragen zu machen.

Yvonne Willicks ist keine Theologin, sie ist eine Christin, die sucht und fragt und ihren Weg geht – mit den Menschen und mit Gott!

Dieses Buch zeigt ihre Menschennähe, versprüht ihre Begeisterung und nimmt uns mit in ihre Verbundenheit mit Gott. Sie lädt dazu ein, Gott im eigenen Leben zu entdecken und den Glauben zu (er)leben.

Allen Leserinnen und Lesern dieses Buches wünsche ich Einblicke, die verändern und stärken Kraft und Hoffnung für das eigene Leben und Erfahrungen mit einem Glauben, der trägt.

Weihbischof Josef Holtkotte,
Erzbistum Paderborn

EINLEITUNG

Jetzt glaubt sie auch noch!

Um das gleich mal klarzustellen: Der Glaube gehört schon immer zu mir, er ist Teil meines Lebens. Aber öffentlich darüber gesprochen, hab ich tatsächlich selten. *Ich glaube einfach!* Umso schöner, dass Sie jetzt dieses Buch in den Händen halten und sich mit mir auf die Reise machen, dem Glauben ein Stück näher zu kommen.

Bislang spielt sich mein Portfolio zwischen Backpulver und Mogelpackung ab. Den einen bin ich als gut gelaunte „Putz-Uschi", den anderen als engagierte Verbraucherjournalistin ein Begriff. Seit vielen Jahren bin ich im Fernsehen, Radio und Printbereich präsent und nun ein Buch über den Glauben, Gott und die Kirche. Warum?

Weil ich gemerkt habe, dass es einfach dran ist, und ich in meinem Medienumfeld und Bekanntenkreis oft höre: *„Kirche? Aus dem Verein bin ich ausgetreten. Ich hab mit all dem nix am Hut."* Da möchte ich am liebsten immer ganz laut rufen, dass das doch gar nicht stimmt! Wir sind alle unmittelbar von Christlichem umgeben.

Ich finde, unser Alltag ist geradezu geprägt von Gott und durchdrungen von Glaubensbezügen, ob wir das nun wollen oder nicht:

Durch die Feste im Jahreskreis, das Angelusläuten katholischer Kirchen morgens, mittags und abends, die kirchlichen Fest- und Feiertage, über die sich jeder an Ostern, Pfingsten, Weihnachten freut.

Durch unsere Sprache: „Um Gottes willen!"; „Oh, mein Gott!"; „Das ist so sicher wie das Amen in der Kirche."; „Die kleinen Sünden bestraft der liebe Gott sofort."

Durch kleine sichtbare Zeichen und Symbole mitten im Alltag, bestimmte Kerzen und Blumensorten wie die Pfingstrose oder eben Kreuze am Straßen- und Feldrand, die an Tod und Auferstehung erinnern wollen.

Wenn ich mir all das vor Augen führe, möchte ich am liebsten ganz laut rufen: Doch! Glaube – und damit Gott – begegnet uns einfach überall.

Sehr oft fragt man mich, woher meine (irritierend) gute Laune kommt, warum ich oft so gut drauf bin. Hin und wieder nehme ich aber auch wahr, dass manche Menschen mich gerne in die „Die-ist-doch-nicht-echt-Ecke" rücken, oder noch schlimmer, mich als naiv und oberflächlich abstempeln. Dabei ist mir mein positives Naturell einfach in die Wiege gelegt. Ich empfinde das als Gnade. Genau wie meinen Glauben an einen guten Gott, den vergebenden Christus und den lockenden Heiligen Geist!

Frohen Mutes, trotz aller Schwierigkeiten, durchs Leben zu gehen, ist für mich ein Geschenk. Ich danke Gott dafür jeden Tag, denn ich darf glauben. Ich darf glauben: Ich bin nicht allein, ich werde getragen und behütet, und ich ziehe daraus für mein Leben die Gewissheit: „Das geht schon irgendwie gut!"

Wenn mir also einer sagt: *„Ich hab mit all dem nix am Hut!"*, dann macht mich das traurig, über die vielleicht verpasste Chance, einen Weg zum Glücklichsein zu finden. Denn auch wenn die Zahl der Kirchenaustritte zunimmt: Unsere Suche nach Gemeinschaft nimmt zu. Die Fußballstadien sind jedes Wochenende voll, jedes Konzert hat Eventcharakter und jeder Anlass wird ausgiebig gefeiert. Unsere Suche nach Sinn und Ernsthaftigkeit nimmt zu. Kurse zur Achtsamkeit, Coachings, um sich selbst und den anderen zu spüren, Bäume umarmen und die eigene Mitte finden … Die Angebote sind vielfältig. Auch unsere Suche nach Verständnis in einer immer komplexeren Welt nimmt zu. Und dann denke ich immer, pragmatisch wie ich bin, die Antwort auf all diese Sehnsüchte ist doch schon längst da – seit über zweitausend Jahren!

Vielleicht erinnern Sie sich noch an Ihre Kindheit. An die Kerzen auf der Torte und die guten Wünsche zum Geburtstag, manches Weihnachtsfest oder an einen im Urlaub mit den Eltern bestiegenen Kirchturm. Vielleicht denken Sie auch an Ihre Oma, die so manch schöne und oft einfache Geschichte vom lieben Gott zu erzählen wusste. Oder

Sie haben sie einfach nur miterlebt, wie sie ständig nach ihrem Schlüssel suchte und dann im Stoßgebet um Hilfe bat (Hat meistens geklappt, nicht wahr?).

Sich wieder vertrauensvoll auf das Gute einzulassen, was da mal war und oft auch noch in einem schlummert, fällt aber manch einem schwer. Doch ich bin mir sicher: Zu verlieren gibt es da nichts, nur zu gewinnen.

Dass man es sich dabei nicht selbst so schwer machen muss und einfach glauben darf, ohne dabei banal zu sein und die Augen vor den Problemen der modernen Kirche zu verschließen, das möchte ich Ihnen mit meiner persönlichen Glaubensreise in diesem Buch zeigen. Und dass Gott, Glaube und Kirche viel präsenter in unserem Leben sind, als wir oft meinen. An schönen wie an schweren Tagen.

Ganz oft werde ich auf der Straße nach Tipps und Tricks gefragt. Die Leute wollen wissen, wie sie besser klarkommen können mit ihrem Geld, ihren Küchenmaschinen oder Kaffeeflecken auf Berberteppichen. Ich bin dafür bekannt, schnelle und praktische Lösungen zu finden, die so gut wie jedem weiterhelfen.

Beim Glauben verhält sich das ein wenig anders. Da gibt's keine schnelle Lösung, so nach dem Motto: Mach's doch mal so und dann klappt das schon!

Aber da unser Glaube auch immer etwas mit Austausch zu tun hat und mit „Sich-vom-anderen-etwas-Abgucken", ist das Ganze für mich spannend.

Ich freue mich, Ihnen anhand von persönlichen Geschichten ein Stück weit zeigen zu dürfen, wie Glaube bei mir geht. Vielleicht fallen Ihnen beim Lesen ja ähnliche Episoden ein. Oder Ihnen wird im Nachhinein bewusst, wo Gott Ihnen vielleicht schon mal begegnet ist. Auch erfahren Sie in diesem Buch Interessantes und entdecken längst Vergessenes, wo christlicher Glaube überall drinsteckt. Und es gibt jede Menge Basisinfos über das Beten, den Kirchenbesuch, Feste im Jahreskreis etc.

Los geht es im ersten Teil dieses Buches mit der Einladung: Kommen Sie wieder an bei Gott! Mit all dem, was Sie bewegt, was Sie auf dem Herzen haben. Mit den Hoffnungen und Zweifeln, die wir alle in uns tragen. Die Sehnsucht, wieder mit Gott in Beziehung zu treten und den Schritt zu wagen, das Geschenk des Glaubens zu leben, ich hoffe, das kitzle ich beim Lesen in Ihnen wach.

Im zweiten und dritten Teil wird es dann praktischer. Wie kann man das Gute entdecken und hören, was Gott uns zu sagen hat? Zu welcher Bibel greife ich beispielsweise, wenn ich mehr über Gottes Geschichte mit uns Menschen erfahren möchte? Und wo zeigt er sich in unserem Leben und Alltag ganz praktisch?

Es folgen ausgewählte Feste des Kirchenjahrs. Hier erfahren Sie zum Beispiel, warum Karneval im Kern einiges mit Ostern und der Passionszeit zu tun hat.

Und zum Schluss lade ich Sie ein, den Glauben einfach mal auszuprobieren.

Ich bin fest davon überzeugt, dass Glaube ganz einfach gelingen kann, wenn man dem, was uns alle umgibt und was uns alle geprägt hat, wieder eine Portion Vertrauen schenkt.

Und eins kann ich Ihnen schon jetzt verraten: Sie dürfen Glauben haben! Wieder oder zum allerersten Mal.

Ihre Yvonne Willicks

1. AUF SPURENSUCHE

Glaube einfach

Das sage ich mir so gut wie jeden Tag. Auch wenn die Welt gerade aus den Fugen gerät. Wenn Dinge schiefgehen oder nahezu alle Vorzeichen auf Sturm stehen.

Damit meine ich allerdings nicht, naiv und unkritisch durch die Welt zu wandern.

Aber diejenigen, die einen festen Glauben haben, machen sich das Leben nicht zu kompliziert, leben mehr im Hier und Jetzt und können so mit ihrer Lebendigkeit den Alltag leichter bewältigen. Das ist ein großes Geschenk, für das ich sehr dankbar bin, und das mich prägt in meinem Tagesgeschehen und im Umgang mit den vielen Menschen, die mir begegnen.

Genau das empfinde ich nämlich als das Einfache am Glauben: das Zulassen, sich einzulassen auf Gott, und das Loslassen, sich fallen zu lassen in den Glauben an das Gute, das Gott uns verspricht.

Mit der Komponente Gott ist auf jeden Fall zu rechnen. Jetzt. Hier. Auf der Stelle. Warum nicht? Was soll schon passieren?

Allerdings weiß ich, der Gedanke an den lieben Gott, beziehungsweise der Glaube an ihn oder das Vertrauen in sein Bodenpersonal, ist für viele ganz weit weg. Sie meinen, all das gehöre schon lange nicht mehr zu ihrem Leben dazu. Ganz oft höre ich dann auch ein verbittertes „Ich kann auch alleine für mich beten" oder „Ich habe so lange Kirchensteuer bezahlt, nie aber was von denen zurückbekommen". Und so mancher Kollege fragte mich schon anlässlich einer Taufe, Konfirmation oder Hochzeit im Verwandtenkreis, wie er sich denn bei dem bevorstehenden Kirchenbesuch als nichtgläubiger Mensch verhalten müsse.

Irgendwie scheint die Sache mit dem Glauben bei manch einem einfach verschwunden zu sein. Ob nun gewollt, weil man persönlich enttäuscht ist von der Kirche im Allgemeinen oder vom Bodenpersonal, oder weil das Gute, was man als Kind mitbekommen hat, einfach in Vergessenheit geraten ist. Anders gesagt: Nach dem „Jesukindchen klein" auf der Bettkante, der Firmung oder Konfirmation ging es mit dem Glauben irgendwie nicht weiter. Plötzlich hatte er scheinbar nicht mehr so viel mit dem eigenen Leben zu tun.

Und dennoch begegnen mir Menschen mit einer ganz großen Sehnsucht. Gerne nach zwei Glas Kölsch oder Wein, wenn die Zunge sich ein wenig lockert. Ich hab schon zig Thekengespräche geführt, die bei der desolaten Leistung einer Fußballmannschaft anfingen und bei der Opferkerze und Stoßgebeten endeten.

Die meisten suchen nach etwas, das Sinn macht, und hoffen auf Antworten auf Fragen ihres Lebens. Manch einer schnürt dann Rucksack und Schuhe und fängt dafür an zu wandern – bis nach Westspanien. Und da frage ich mich, bei allem Respekt vor solch mehrwöchigen Pilgerreisen: Ist Gott denn nicht auch hier zu finden? Mitten in meinem Leben? Hier in Köln?

In der Bibel gibt es einen ganz interessanten Satz, mit dem Gott uns etwas verspricht: *„Ihr werdet mich suchen und werdet mich finden. Denn wenn ihr mich von ganzem Herzen sucht, werde ich mich von euch finden lassen"* (Jeremia 29,13). Ich finde, es lohnt sich, mitten im Leben mal die Augen aufzumachen, mehr noch aber das eigene Herz zu öffnen.

Mal das ganze Äußere loszulassen, was da gewesen ist, was man gehört hat oder worüber man skeptisch ist. Schließlich ist Glaube Vertrauenssache. Und er hat 'ne Chance verdient, oder nicht? Ich jedenfalls glaube, er begegnet uns viel öfter, als wir meinen. Hier ein paar Erlebnisse, die mir geholfen haben, mich für Gott und den Glauben an ihn zu öffnen:

Nach oben schauen

Ich erinnere mich noch gut an meinen ersten Besuch des Kölner Doms. Ich war damals mit der ganzen Stufe auf Klassenfahrt und unser Lehrer führte uns durch Köln. Irgendwie hatte er es durch seine besondere Strenge und andauernde Kommandos wie „Geht vernünftig in Zweierreihen, achtet auf den Vordermann! Nicht quatschen!" geschafft, dass wir plötzlich vor den Türen des Hauptportals standen. Ich hab nicht mal bemerkt, dass wir auf den Dom zuliefen.

Bevor wir reingingen, gab unser Lehrer wieder Anweisungen, ihm ja zu folgen und die Augen unbedingt auf den besonderen Boden gerichtet zu lassen. Ich wunderte mich, denn da war gar nichts Spektakuläres zu entdecken.

Als wir dann aber alle die ersten zehn Meter gegangen waren, bat uns unser Lehrer, den Kopf zur Decke zu richten und nach oben zu schauen.

„Jetzt!", sagte er und fragte: „Und? Wie sieht das aus?"

„Wie im Himmel!"

Wir Schüler waren alle total beeindruckt von dem hohen Gewölbe, den mächtigen Säulen, den riesigen Fenstern, die sich vor uns auftaten, und ganz hinten im Chor, dem prachtvoll funkelnden goldenen Dreikönigenschrein.

Ich bin meinem Lehrer sehr dankbar für diesen Trick, eine Kirche auf diese Weise mit ganzem Herzen zu erleben. Für einen besonderen Moment, der die Blickrichtung ändert: von dem, was vor den eigenen Füßen liegt, hinauf in einen Ehrfurcht gebietenden Raum der Größe Gottes. Und ich gestehe: Ich hab ihn oft wiederholt, diesen Trick. Manchmal lade ich Menschen zu einer gemeinsamen Führung in den Kölner Dom ein; der Blick nach oben funktioniert jedes Mal!

Ein Perspektivwechsel – damit fängt es an. Ob nun in einem Gotteshaus oder unter freiem Himmel. Mal einfach den Blick abzuwenden von dem, was vor einem liegt, was einen sorgt und bekümmert, und dem Glauben Raum zu geben – das macht ihn wieder ein Stück einfacher und erfahrbarer.

In Kontakt bleiben

Der christliche Glaube wird in der Gesellschaft oft als altmodisch und kompliziert angesehen. Ich finde das schade und falsch. Vielleicht liegt es daran, dass sich viele Menschen einfach nicht genügend mit der Sache beschäftigen. Oder dass sie vielleicht abschreckende Erfahrungen mit der Kirche beziehungsweise Gottes Bodenpersonal gemacht haben. Wie auch immer ... Jedenfalls hat einer meiner Religionslehrer mal den Glauben an Gott mit einer Freundschaft, mit der Beziehung zu einem anderen Menschen, verglichen.

Zu glauben sei, wie einen neuen Freund kennenzulernen, sagte er. Im Laufe der Jahre würde die Beziehung vertrauter; man lerne sich schließlich mehr und mehr kennen, man vertraue sich und entwickle sich weiter. Auch reibe man sich zwischendurch – aber das Wichtigste sei, in Kontakt zu bleiben. Nur dann könne der Weg weiter gemeinsam gegangen werden.

Und an drei seiner Sätze erinnere ich mich noch ganz genau: „Einen Freund, den du Jahre nicht in dein Leben gelassen hast, den du nie anrufst, der kann keine Vertrauensperson für dich sein. Genauso ist das mit der Beziehung zu Gott. Wenn er euer Leben bereichern soll, dann müsst ihr mit ihm in Kontakt bleiben."

> Glaube ist dynamisch und fordert heraus.
> Ich darf vertrauen, mich aber auch
> reiben an meinem
> Gott; ich darf mich
> geborgen wissen,
> aber auch zweifeln
> und klagen.

Über diese Religionsstunde habe ich im Laufe meines Lebens immer wieder nachgedacht, denn sie enthielt viel Wahres und viel Freiheit: Glaube ist dynamisch und fordert heraus. Ich darf vertrauen, mich aber auch reiben an meinem Gott; ich darf mich geborgen wissen, aber auch zweifeln und klagen. Aber ich muss Gott daran teilhaben lassen. Das ist die Voraussetzung.

Ich hatte alles in der Kirche, nur keinen Sex

Meine vielen positiven Glaubenserfahrungen verdanke ich im Grunde einem Schulgottesdienst. Damals war er noch fester und regelmäßiger Bestandteil des Unterrichts; heute gibt es das ja fast gar nicht mehr. Wir hatten jeden Monat einen Gottesdienst. Nicht nur zur Einschulung, zu Ostern oder zur Entlassung.

Ich saß ehrlich gesagt eher aus Versehen ausgerechnet im katholischen Gottesdienst. Ich hätte genauso gut im evangelischen sitzen können.

Die Messe fand einmal im Monat in der alten Aula der Ebertschule statt. Den Pfarrer fand ich vom ersten Augenblick an geradezu atemberaubend. Er hatte so einen Elan und eine frohe Ausstrahlung, dass ich sofort hin und weg war. Denn statt uns seinen Namen einfach zu nennen, brachte er ein anschauliches Beispiel:

„Also, hier ist doch gerade Kirmes! Und wenn ihr Autoscooter fahren wollt, braucht ihr eine *Mark*. Und wenn ihr dann gefahren seid, ist die Mark fort. Und so heiße ich: Albert *Markfort*!"

Von da an hab ich mich immer auf den Schulgottesdienst gefreut. Ich war meist schon früher in der Aula, um noch zu helfen, etwa den Altar zu decken. Oft blieb ich auch nachher noch länger. Statt in der großen Pause Gummitwist zu spielen, hab ich manchmal sogar den goldenen

Kelch mit den Edelsteinen abtrocknen dürfen. Das hat mir viel Spaß gemacht.

Als ich dann in der dritten Klasse war und schon längst auch sonntags in die Kirche ging, rückte die Zeit näher für die Erstkommunion. Nur gab es da ein Problem, denn ich war ja noch gar nicht getauft. Aber ein Gespräch mit den Eltern und Pfarrer Markfort brachte schnell Klarheit: Meine Schwester und ich wurden getauft und gingen gemeinsam zur ersten heiligen Kommunion.

Die Vorbereitungsgruppe wurde von Schwester Gundula geleitet, und weil wir alle so begeistert von der „Sache Jesu" waren, gründeten wir „Die Bibelstunde": Einmal die Woche trafen wir uns, wir bereiteten Gottesdienste vor, übernahmen Verantwortung füreinander und hatten eine kleine Kinderschola, die ab und an probte und dann von einem jungen Klavierspieler namens Markus begleitet wurde.

> Ich habe der Kirche im Allgemeinen
> und den vielen Menschen, die
> mich gefördert und immer wieder ermutigt haben,
> viel zu verdanken.

Der war natürlich, so wie alle Pianisten, der Schwarm aller Mädchen. Ich glaub auch, weil er, statt viele Worte zu machen, immer so süß grinste hinter seinem Klavier. Und wenn er dann doch mal mit einem sprach, waren wir fast der Ohnmacht nahe. Schließlich war er fast fünf Jahre älter als wir.

Alle Mädchen waren verknallt in Markus, aber geheiratet hab ich ihn einige Jahre später.

Auch meine Eltern ließen sich langsam, aber sicher von dem ganzen „Kirchenkram" anstecken; mein Vater ging sogar ab und zu mit in den Gottesdienst. Und wie es der Zufall wollte, sollte eines Tages sein Kirchenbesuch Folgen haben. Denn als in der Marienkirche in Kamp-Lintfort der neue Pastoralreferent Peter Niedzwiedz seine Antrittspredigt hielt, sah dieser meinen Vater in der Kirchenbank sitzen und erkannte ihn als einen leider aus den Augen verlorenen Schulfreund wieder. Zufall? Manchmal ist es schon merkwürdig, fast schon unheimlich – zugleich aber wunderschön –, wie Gott die Dinge fügt. Die Freundschaft wurde erneuert, gefestigt und unser Familienleben spielte sich von da an viel in der Gemeinde ab, in der wir uns alle wohlfühlten. Und dass diese Begegnung stattfand, sollte sich später noch als fürsorgende Fügung herausstellen.

Pfarrer Markfort, Schwester Gundula und Peter besaßen immer viel Vertrauen in uns und trauten uns sowie unseren Fähigkeiten und Talenten eine Menge zu. Im Rahmen des Gottesdienstes konnten wir viel bewegen und Neues wagen. Einmal haben wir anlässlich eines Fastengottesdienstes ein riesiges goldenes Kalb auf unseren Schultern durch den Mittelgang getragen und Herbert Grönemeyers Song „Ich kauf mir was, kaufen macht so viel Spaß, ich könnte ständig kaufen gehen, kaufen ist wunderschön" ertönte dabei über die Lautsprecheranlage. Im Predigtgespräch prangerten wir anschließend die Missstände in der Konsumgesellschaft an.

Für den Katholikentag 1990 haben wir mit dem Jugendchor einmal ein Musical mit dem Titel „Erschöpfung" geschrieben. Im ersten Teil ging es um die Schöpfungsgeschichte, im zweiten um die Zerstörung der Umwelt durch den Menschen. Das Stück ist mittlerweile fast dreißig Jahre alt, doch heute wäre es so aktuell wie damals: Sojaanbau für unsere Fleischproduktion, Tropenholz für unsere Terrassen und all die Probleme mit dem Plastikmüll.

Das war herausfordernd und eine echt tolle Aufgabe. Und ich durfte damals schon in eine Rolle schlüpfen, in der ich heute professionell arbeite. Nur damals hieß die Moderatorin „Frauke Frage".

So schließt sich ein Kreis, der in der Kirche seinen Anfang gefunden hatte. Chor, Messdienerschaft, Leiterrunde – ich hatte viele Gelegenheiten, mich mit meinen Talenten und Fähigkeiten auszuprobieren. Oder dynamische Gruppenprozesse zu lernen und mich ehrenamtlich zu engagieren. Mit vielen Mitstreitern von damals habe ich noch immer Kontakt. Und wir alle empfinden die Zeit, die wir damals erleben durften, als Schatz unserer Jugend, aus dem wir noch heute schöpfen. Wenn wir uns dann alle paar Jahre zur Chorprobe für das Jahrgedächtnis eines jung verstorbenen Freundes treffen, ist alles sofort wieder wie damals:

Der Tenor passt nie auf, der Alt kriegt seinen Einsatz nicht, der Bass blödelt nur rum und der Sopran ist zu laut!

Tatsächlich habe ich in der Marienkirche in Kamp-Lintfort alles erlebt, was ein aktiv kirchlich geführtes Glaubensleben so mit sich bringt: Sakramente, Beerdigungen, unzählige Gottesdienste als Messdienerin etc. Auch war ich Lektorin, oft ganz spontan. Denn da wir als Familie gleich hinter der Kirche wohnten, wurde ich immer schnell gerufen oder gleich aus der Kirchenbank geholt, wenn kein Lektor da war oder Messdiener fehlten.

Also hab ich ziemlich viel Zeit im hinteren Altarraum verbracht. Von dort hatte ich einen schönen Blick auf den Rücken des Organisten. Markus konnte nicht nur Klavier, sondern auch Orgel spielen und er hatte die deutlich bessere Position. Denn er konnte mich über seinen Rückspiegel von vorne beobachten. Außerdem trafen wir uns vor dem Gottesdienst in der Sakristei, um mit dem Pfarrer die Lieder zu besprechen, die Fürbittenfolge abzuklären und was sonst noch so anstand zu bereden.

Und so kam es halt, wie es kommen musste: Wir haben uns verliebt und später an Ort und Stelle in der Marienkirche geheiratet.

Ich hatte tatsächlich alles in dieser Kirche, nur keinen Sex. Geknutscht wurde auf dem Parkplatz!

Einfach mal
offen sein,
eine frohe
Ausstrahlung
haben und
sich einlassen
auf den Moment: Glaube.

Die Sache mit dem Bodenpersonal

Es gibt viele engagierte Priester, Ordensleute und Theologen. Ich hatte das Glück, einigen auf meiner Glaubensreise zu begegnen, die mich positiv geprägt haben. Dieses „Bodenpersonal Gottes" gehört einfach dazu, wenn Religion und Glaube als Gemeinschaft organisiert und ins Leben der Menschen gebracht werden wollen.

Doch mit Menschen steht und fällt oft der Glaube. Vorbilder, die Zeichen setzen, die Welt ein Stück besser machen und das eigene Glaubensleben inspirieren, bewundern wir. Bekannte Beispiele sind da die indische Ordensschwester Mutter Teresa (1910–1997), die für ihre selbstlose Arbeit mit armen, sterbenden und Not leidenden Menschen weltweit bekannt wurde, oder der evangelische Theologe Dietrich Bonhoeffer (1906–1945), dessen Glaubenstreue und Zuversicht in Zeiten finsterster Bedrängnis noch heute Menschen in aller Welt anspornen.

Doch leider gibt es auch die schlechten Beispiele, wenn bekannt wird, dass ein Amtsträger das in ihn gesetzte Vertrauen missbraucht hat. Wenn Menschen, allen voran Kinder, nicht nur den Glauben an eine geistig-moralische Autorität in Gestalt des übergriffigen Pfarrers, einer grausamen Ordensfrau oder eines ungerechten Religionslehrers verlieren, sondern dazu noch selbst an Körper, Seele und Geist Schaden nehmen.

Mir macht es das Herz schwer, wenn ich an die Menschen denke, die traumatisiert durch ihr ganzes Leben gehen müssen. Ich empfinde das als ungerecht und furchtbar. Und es muss ja noch nicht mal so etwas Schreckliches wie ein sexueller Missbrauch oder Ähnliches stattgefunden haben, um einen für immer aus der Kirche zu treiben und damit auch den Glauben aus dem Herzen zu verbannen.

Wie verhält es sich beispielsweise mit schlecht gelaunten Priestern und konservativ ausgerichteten Gemeinden?

Vielen reicht schon die Zeitungsmeldung über Missbrauchsvorwürfe, um nie wieder einen Fuß in den „Sündenpfuhl Kirche" zu setzen. Sie sind angewidert von den Skandalen um den Missbrauch von Kindern und Jugendlichen. Oder darüber, dass in vielen Entscheidungen Würdenträger urteilen, was Gott als richtig empfindet und was nicht. Dafür Kirchensteuer zahlen? Um Gottes willen.

Durch die vielen Missbrauchsskandale ist deutlich geworden, wie schwer Menschen unter ihrer Kirche gelitten haben und warum sie nicht mehr an der Gemeinschaft teilnehmen wollen. Das ist mehr als verständlich! Wenn man sich dann noch die Kirchengeschichte mit den vielen Verfehlungen und Schandtaten vor Augen führt, kann ich gut verstehen, dass Menschen mit der Kirche brechen und austreten.

Aber mir sagen halt auch oft Menschen, dass sie die Gemeinschaft vermissen, dass sie es bereuen, ausgetreten zu sein und es schwierig finden, für das eigene Wertesystem kein Korrektiv mehr zu bekommen.

Welches Gefühl regt sich in Ihnen, wenn Sie an Kirche denken? Vielleicht gehört sie schon seit Jahren zu Ihrem Leben dazu. Sie empfingen die Kommunion oder wurden konfirmiert, haben kirchlich geheiratet, sind auch irgendwie gläubig. Aber beim Stichwort Kirche hat sich mit den Jahren ein komisches Gefühl in Ihnen bemerkbar gemacht. Irgendwie ist sie Ihnen fremd geworden.

Und trotzdem: Kirche ist ein Raum gelebter Glaubensgemeinschaft. Das gemeinsame Diskutieren, Beten, Ringen und die Auseinandersetzungen gehören einfach mit zum religiösen Leben dazu. Auch zu meinem. In Gemeinschaft lässt es sich einfacher glauben, gerade durch die Begegnungen, die uns durch den Glauben geschenkt werden. Doch selbst ich muss bekennen: Ich habe viele Punkte, die mich an meiner Kirche stören. Aber mich stört auch vieles an dem Staat, in dem ich lebe, und ich wandere trotzdem nicht aus. Denn ich glaube einfach, dass es besser ist, Verantwortung zu übernehmen und konstruktiv an der Kirche zu bauen.

Sich mal wieder in die Kirche trauen?

Ich stelle immer wieder fest, wir sind permanent von der Kirche umgeben. Das liegt sicher daran, dass ich den Großteil meiner Zeit in Köln verbringe mit etwa 200 Kirchen in der Stadt und Umgebung, hauptsächlich katholisch. Irgendwo läuten immer die Glocken, und man hat fast den Eindruck, dass diese uns Menschen ermahnen, es doch ein wenig langsamer angehen zu lassen.

Kirchengebäude sind ja im Grunde wirklich herrliche Orte zur Entschleunigung. Der Kölner Dom hat zwar täglich zigtausende Besucher, die alle recht ehrfürchtig vor und in dem wunderbaren gotischen Bau verweilen, aber viele zünden auch eine Kerze an, setzen sich still in eine Bank und nehmen Anteil an der Stimmung, den Emotionen der vielen Menschen, die hier mit Trauer oder großer Freude im Herzen beten, und stimmen selbst ins Gebet mit ein. Quasi ein Gebet-to-go, das wohltut und inspiriert.

Auf mich haben Kirchen eine positive Wirkung. Allerdings weiß ich nur allzu gut, dass manches an Kirche an sich auch einschüchternd und ganz schön herausfordernd sein kann, beispielsweise die Liturgie eines katholischen Gottesdiensts.

Schon oft habe ich erlebt, wie mich Freunde und Kollegen dahingehend angesprochen haben. Etwa so: *„Unser Neffe wird demnächst getauft. Es ist Jahre her, dass ich in* *einem Gottesdienst war. Was macht man denn da noch mal?"* Doch ganz generell verspüren wir Menschen ja auch ab und an das Bedürfnis, in die Kirche zu gehen. Etwa an Weihnachten. Dann grassiert schnell das mulmige Gefühl nicht genau zu wissen, was zu tun ist. Sitzen? Stehen? Knien? Gottesdienste folgen einer gewissen Grundstruktur, die Orientierung schenkt. Man kann diese Liturgie überall wiederfinden.

2 Uhr 57 –
Großer Gott wir loben dich

Meine Eltern haben meine Schwester und mich nicht taufen lassen. Da Mama evangelisch und Papa katholisch war, konnten sie sich nicht einigen und wollten uns später die Entscheidung über die Konfession oder Religion überlassen. Insofern war meine frühe Kindheit ganz und gar nicht geprägt von Glaube, Gebeten oder Kirchgängen. Aber: In der Schule musste ich am Religionsunterricht teilnehmen.

„Mama, wo soll ich denn mitmachen? Bei evangelisch oder katholisch?"

Meine Eltern entschieden auf evangelisch, weil die Mutter am meisten mit der Kindererziehung zu tun haben würde, und so trabte ich an jenem Morgen los, hatte aber bereits nach 500 Metern meines Schulwegs schon wieder vergessen, ob ich jetzt bei den Protestanten oder Katholiken mitmachen sollte.

„Evangelisch – katholisch? Katholisch – evangelisch?"

Als ich an der Schule ankam, sagte ich überzeugt: „Katholisch. Das hat die Mama gesagt!" So saß ich fortan bei Frau Händel im Religionsunterricht und einmal im Monat im Schulgottesdienst.

Als der „Irrtum" meiner Mutter bekannt wurde, stellte sie nur fest: „Im Grunde ist das ja auch egal; ganz früher war ich ja auch mal katholisch. Ich bin damals aber lieber in den Konfirmandenunterricht gegangen, weil alle meine

Freundinnen evangelisch waren. Also, mach da ruhig bei den Katholiken mit!"

Und das tat ich! Mit Feuereifer!

Irgendwann reichte mir der monatlich stattfindende Schulgottesdienst aber nicht mehr, und da der Pfarrer zum Schluss der Messe jedes Mal betonte, wie sehr es ihn freuen würde, uns auch am Sonntag in der Kirche zu begrüßen, wollte ich unbedingt da hin. Allerdings hatten meine Eltern so gar kein Interesse, ihre heilige Sonntagsruhe durch einen Kirchgang zu unterbrechen. Nur meine jüngere Schwester, die wollte auch unbedingt. Und so kam es, dass uns Papa das erste Mal mit dem Auto hingefahren und vor dem Kirchplatz einfach abgesetzt hat. Ich war damals sieben und meine Schwester sechs Jahre alt.

„Zurück könnt ihr allein, ist ja nur geradeaus am Markt vorbei! Tschüss, bis später", sagte Papa und fuhr davon.

Da standen wir zwei. Keine Minute verging, die Glocken fingen an zu läuten, und wir beide wagten uns mit den anderen Kirchgängern in die Marienkirche.

Kerzenduft, ein bisschen Weihrauch, so komische Wasserbecken an den Pfeilern, Bücher mit ganz, ganz dünnen Seiten. Wir waren beeindruckt, aber nicht schüchtern. Wir setzten uns in die erste Reihe. Schließlich wollte ich ja, dass der Pfarrer mich sieht und sich freut, dass ich gekommen war.

Aber so ganz vorne zu sitzen, war schlecht. Weil wir so einfach nicht mitbekamen, was die anderen machten und wie sie sich verhielten.

Die Orgel setzte mit Getöse ein, dann ein komisches Rascheln, Räuspern und Raunen. „Oh, alle sind aufgestanden und blättern in diesen Büchern", sagte ich zu meiner Schwester. „Komm, wir stehen auch auf."

Immer mit einem Auge nach hinten schielend haben wir unseren allerersten Sonntagsgottesdienst erlebt und uns sehr darüber gefreut, als Pfarrer Markfort uns beim Verabschieden auf dem Kirchplatz die Hand gab und uns ein „Bis nächste Woche!" zuzwinkerte.

Meine Schwester und ich waren uns auf dem Heimweg einig: Das war irgendwie toll. Da gehen wir wieder hin!

Vieles aber war rätselhaft und blieb es auch während der nächsten Sonntage, an denen wir den Gottesdienst besuchten. Messe für Messe zerbrach ich mir den Kopf darüber, was die unterschiedlichen Uhrzeiten auf der großen Wanduhr zu bedeuten haben. Warum hieß es da 2 Uhr 57 und dann wieder 6 Uhr 22?

Es hat ewig gedauert, bis ich überhaupt verstand, dass die Anzeige, die immer wieder aufleuchtete, keine Uhr war, sondern der Liedanzeiger. Eine freundliche Dame wies uns auf den Zusammenhang von dieser Anzeige, Orgelvorspiel und Gotteslob hin und half uns, die richtigen Seiten zu finden. So wurde aus 2 Uhr 57 „Großer Gott wir loben dich" und aus 6 Uhr 22 „Hilf, Herr meines Lebens".

Später sollte sich diese Dame noch als eine der wichtigsten Personen für unsere Familie entpuppen. Denn ohne Schwester Gundula wäre sicher vieles anders gekommen.

Nur bei einer Sache konnte sie mir damals wirklich nicht helfen. Denn jahrelang hat mich eine Formulierung im eucharistischen Hochgebet regelrecht verfolgt: „Herr, ich bin nicht würdig, dass du eingehst unter mein Dach."

Ich konnte mir keinen Reim auf diese Zeile machen und habe stundenlang über ihr gebrütet:

„Eingehst unter **mein** Dach."

Mein Kaninchen war doch auch eingegangen. Oder besser gesagt, es ist gestorben, weil ich versehentlich draufgetreten bin …? Heißt das, ich bin nicht würdig, dass Jesus unter meinem Dach stirbt? Irgendwie fand ich aufgrund meines Erlebnisses mit dem Karnickel diese Vorstellung ganz schön gruselig. Müsste es dann nicht auch heißen:

„Eingehst unter meinem Dach"?

So rein grammatikalisch?

Gott sei Dank sind wir dem Pfarrer und Schwester Gundula durch unseren regelmäßigen Besuch aufgefallen, sodass sich später manches Rätsel in der Vorbereitung auf die erste heilige Kommunion löste.

Tatsächlich bildet die Liturgie, ob nun die katholische oder evangelische, den Ablauf eines Gottesdienstes ab, der sich aus mehreren Teilen zusammensetzt. Kritiker sehen diese Tradition als verstaubt und altmodisch an. Und tatsächlich bietet so ein ganz gewöhnlicher Sonntagsgottesdienst selten großen Unterhaltungswert, zumal auch nicht ständig etwas Neues passiert. Soll auch gar nicht, denn der

Sinn der Zusammenkunft sind das gemeinsame Gebet, Singen und die Verkündigung Gottes.

Seit ich Fernsehbeiträge mache, empfinde ich die katholische Liturgie übrigens gar nicht mehr als altmodisch. Im Gegenteil. Eine Eucharistiefeier, ein Gottesdienst mit Wandlung und Kommunion, gleicht vielmehr einem gut gemachten TV-Beitrag.

Günther Jauch, Thomas Gottschalk und Jürgen von der Lippe würden das sicherlich ähnlich sehen, denn sie alle waren in ihrer Jugend Messdiener. Genau wie ich! Meine Schwester und ich waren die ersten weiblichen Messdienerinnen in Kamp-Lintfort. Einfach weil wir es ungerecht fanden, bei diesem tollen Spektakel nicht mitmachen zu dürfen. So habe ich jahrelang jede mögliche Form von Gottesdienst mitgestaltet, mitgefeiert und die „Erzählform" immer mehr verinnerlicht. Als ich dann Fernsehmacherin wurde, war ich ehrlich erstaunt, wie sehr der dramaturgische Aufbau einer TV-Haushaltsdokumentation, in diesem Fall „Der große Haushalts-Check", der Liturgie eines Gottesdienstes ähnelt.

Diese geht ja nun auch immer mit „großem Getöse" los: lautes Orgelvorspiel, Einzug der Messdiener und des Pfarrers – oft begleitet von Weihrauch. Beim Fernsehen ist es ähnlich, indem wir schon mal kurz starke Szenen des Films zeigen. Anschließend folgen im Gottesdienst die Begrüßung und erste Lesungen. Das ist im TV vergleichbar mit der Anmoderation und dem Schaffen der „Fallhöhe".

Genau wie der Gottesdienst ist auch ein TV-Beitrag auf einen Höhepunkt hin ausgerichtet: etwas verstanden zu haben und informiert oder gestärkt aus einer Situation hervorzugehen. In meinen Beiträgen ist das immer mit einem „Aha"-Effekt verbunden. Durch eine Recherche vor Ort oder Expertengespräche erleben die Zuschauer die Lösung für das Problem quasi hautnah mit.

Im Gottesdienst wird das „Problem" durch die Lesungen, die Predigt und die Gebete thematisiert und findet seinen Höhepunkt in dem Erleben von Gemeinschaft (Eucharistie/Abendmahl).

Am Ende gibt es als „Rausschmeißer" eine Zusammenfassung und den Abspann. Im Gottesdienst den Segen und das Schlusslied als Ermutigung für die Woche.

Nichtsdestotrotz kann der ganze kirchliche Ablauf auf Menschen einschüchternd wirken. Zum Glück leben wir heute in einer Zeit, in der man eigentlich nichts mehr wirklich falsch machen kann. Da haben sich die Zeiten Gott sei Dank geändert!

Das ist doch der, der damals …

Gut, dass die Zeiten vorbei sind, von denen mir mein Schwiegervater gerne berichtet. Damals wurde noch wochenlang über einen Fauxpas in der Kirche getuschelt, wenn beispielsweise ein junger Mann während der Kommunion seinen seit Jahren aus den Augen verlorenen Freund laut begrüßte. „Das ging damals gar nicht! Auf dem Weg, die heilige Kommunion zu empfangen, hatte jeder still zu sein", erzählte er mir.

Und unvergessen für die Gemeinde ist auch, als die Jugend es sich einmal in den Kopf gesetzt hatte, die Passionsgeschichte Jesu mit Laienschauspielern aus den eigenen Reihen aufzuführen. Der Pfarrer war einverstanden und irgendwie hatte die Truppe es geschafft, die Sache mit der Kreuzigung einigermaßen realistisch hinzukriegen.

Da „Jesus" aber schon bei den Proben extrem nervös war, wurde sein Text auf ein Minimum reduziert.

„Siehe, dein Sohn! Siehe, deine Mutter."

Erster Satz, hat geklappt!

„Ich habe Durst."

Zweiter Satz. Wunderbar.

Vor dem dritten und letzten Satz bekam „Jesus" einen Schwamm an seinen Mund geführt und breitete die Arme theatralisch noch weiter aus. Er sah bedeutungsschwanger die versammelte Gemeinde und seine mit ihm fiebernden Freunde an und sagte dann die Worte:

„Es ist prachtvoll!"

Aus! Ich denke, der arme Kerl hat die Gemeinde noch am selben Abend verlassen. Oder ihm haftete seitdem das Stigma „Das ist doch der, der damals prachtvoll statt vollbracht gesagt hat" an. Mein Schwiegervater jedenfalls schweigt sich kichernd über die Konsequenzen für den Wortverdreher aus.

Ich denke, sich angemessen zu verhalten und zu schauen, wie es die anderen Gottesdienstbesucher halten mit dem Knien, Sitzen und Stehen, kann fürs Erste helfen, sich nicht unbeholfen zu fühlen. Ich empfehle außerdem ins „Gotteslob" zu schauen, das Gebet- und Gesangbuch, das in jeder katholischen Kirche ausliegt, bzw. in der evangelischen Kirche ins „Evangelische Gesangbuch". Darin werden alle wesentlichen Teile eines Gottesdienstes gut beschrieben und die Übersicht hilft dabei, sich aufgehoben zu fühlen.

Wer lange nicht in der Kirche war, sollte am Anfang nicht zu viel erwarten. Und nicht zu hohe Ansprüche an sich selbst haben. Viel wichtiger als die Form zu wahren, ist die Tatsache, dass Sie den Entschluss gefasst haben, wieder eine Kirche aufzusuchen. Genießen Sie die Zeit darin. Ein ansprechender Impuls für die kommende Woche, eine Stunde ganz bei sich sein, die Gedanken schweifen und sich verzaubern lassen vom Farbenspiel der Kirchenfenster. All das tut der Seele gut und hilft, einfach zu glauben, dass wir auch in der kommenden Woche gut beschützt sein werden.

Vielleicht haben Sie das Glück und es wird das wunderschöne Lied angestimmt, das Sie auf der folgenden Seite finden. Mir gibt es immer ein Gefühl von innerer Freiheit: Ich muss nicht alles alleine tragen und ich soll mich nicht andauernd bemitleiden.

> **Wer nur den lieben
> Gott lässt walten**
>
> Wer nur den lieben Gott lässt walten
> und hoffet auf ihn allezeit,
> den wird er wunderbar erhalten
> in aller Not und Traurigkeit.
> Wer Gott, dem Allerhöchsten, traut,
> der hat auf keinen Sand gebaut.
>
> Was helfen uns die schweren Sorgen,
> was hilft uns unser Weh und Ach?
> Was hilft es, dass wir alle Morgen
> beseufzen unser Ungemach?
> Wir machen unser Kreuz und Leid
> nur größer durch die Traurigkeit.
>
> Sing, bet und geh auf Gottes Wegen,
> verricht das Deine nur getreu
> und trau des Himmels reichem Segen,
> so wird er bei dir werden neu;
> denn welcher seine Zuversicht
> auf Gott setzt, den verlässt er nicht.[1]

Beten – Wie geht das eigentlich?

Das Beten kann man sich vorstellen wie ein Gespräch; ein Gespräch zwischen Mensch und Gott. Es ist immer und überall möglich. Doch wie für jeden Beginn einer neuen Beziehung braucht es anfangs Vertrauen und Mut. Und genauso wie jedes Gespräch mit einem guten Freund eine ganz persönliche Note hat, darf auch das Gebet die eigene Beziehung ausdrücken, die man zu Gott hat. Mal fröhlich, mal verärgert oder mal wie ein dringender Telefonanruf, ein Stoßgebet eben. Beten kann man leise im Herzen, im stillen Kämmerlein oder eben laut – allein oder in der Gemeinschaft mit anderen. Es gibt vielfältige Formen ein Gebet zu sprechen: liturgische aus der Kirche, biblische wie das Vaterunser und die Psalmen oder ganz frei formulierte.

Vor dem Beten braucht man keine Angst zu haben. Ich bin überzeugt, jeder Mensch kann die Hände falten, die Augen schließen, zur Ruhe kommen und ein paar Gedanken zum Himmel schicken. Und sollten einem tatsächlich keine Worte einfallen, sichert Gott selbst uns seine Hilfe zu: *„[...] der Geist Gottes tritt mit Flehen und Seufzen für uns ein; er bringt das zum Ausdruck, was wir mit unseren Worten nicht sagen können. Auf diese Weise kommt er uns in unserer Schwachheit zu Hilfe, weil wir ja gar nicht wissen, wie wir beten sollen, um richtig zu beten."*[2]

Gebete, die bereits formuliert sind, können einem in ganz besonderen Situationen helfen, wenn einem selbst die

Worte fehlen. Es ist gut, ein paar solche Basics zu haben, damit man sich nicht verliert in seinem Ringen um Glauben und die Orientierung im Leben. Das *Vaterunser* ist ein solches Grundgebet. Worte, die von Jesus selbst überliefert sind.

Wenn alle anderen Worte versagen

Ich verbinde ein sehr eindrückliches Erlebnis mit dem Vaterunser: Ich war 16 Jahre alt, als mein Vater seinen Kampf gegen den Magenkrebs viel zu früh verlor. Papa hatte einen einsamen Tod im Krankenhaus erleben müssen. Ich erkannte das deutlich an seinem verkrampften Gesichtsausdruck und seinen Händen, die sich buchstäblich am Leben festkrallen wollten. Für uns war es kein schönes Abschiednehmen, irgendwo in einer Abstellkammer des riesigen Klinikums.

Nachher trauten wir uns zuerst nicht, ihn vor der Einäscherung noch einmal zu sehen. Aber eine gute Freundin machte uns Mut, es doch zu tun, und so standen wir als Familie alle sprachlos zum allerletzten Mal gemeinsam um seinen offenen Sarg.

Und Papa lächelte.

Er schmunzelte eher.

Er sah entspannt und zufrieden aus, ganz anders als die Tage zuvor. So wie immer, wenn er bei Monopoly alle teuren Straßen besaß, und ich natürlich all mein Geld an ihn abgeben musste. So wie immer, wenn er schon Tage vorher rausgefunden hatte, was er zum Geburtstag bekommen sollte. Egal, wie gut das Versteck dieses Mal auch war. So wie immer, wenn er seiner Schwester bereits die Schokolade aus Türchen Nummer 24 im Adventskalender geklaut hatte und sie statt des besonders großen Stücks nur einen Zettel mit „Ha, ha, ha!" vorfand.

Papa lächelte.

Unsere Sprachlosigkeit wich, und wir konnten gemeinsam das Gebet, das Jesus gelehrt und als Erster selbst gesprochen hatte, beten und Kraft aus diesen uralten Worten schöpfen. So wie es seit über zweitausend Jahren auf der ganzen Welt gebetet wird und wie ich es im Laufe meines Lebens bei den Trauerfällen in Familie, Nachbarschaft und Freundeskreis immer wieder gemeinsam mit den Trauernden gebetet habe, wenn alle anderen Worte versagten.

> Vater unser im Himmel,
> geheiligt werde dein Name.
> Dein Reich komme.
> Dein Wille geschehe,
> wie im Himmel so auf Erden.
> Unser tägliches Brot gib uns heute.
> Und vergib uns unsere Schuld,
> wie auch wir vergeben unsern Schuldigern.
> Und führe uns nicht in Versuchung,

> sondern erlöse uns von dem Bösen.
> Denn dein ist das Reich und die Kraft
> und die Herrlichkeit in Ewigkeit.
> Amen.

Es gibt noch andere Gebete, die seit Jahrhunderten gesprochen werden. Mir persönlich machen das *Apostolische Glaubensbekenntnis* oder das *Ave Maria* immer wieder bewusst, dass ich mit meinem Glauben nicht alleine bin. Dass er nicht nur eine persönliche Sache ist, sondern in einer langen Tradition steht. Mir weitet das den Blick auf das große Ganze und in diesen Gebeten birgt sich wohl auch das Geheimnis, dass sie sich selbst beim täglichen Beten nicht abnutzen.

> Ich glaube an Gott, den Vater,
> den Allmächtigen, den Schöpfer
> des Himmels und der Erde,
> und an Jesus Christus,
> seinen eingeborenen Sohn, unsern Herrn,
> empfangen durch den Heiligen Geist,
> geboren von der Jungfrau Maria,
> gelitten unter Pontius Pilatus,
> gekreuzigt, gestorben und begraben,
> hinabgestiegen in das Reich des Todes,
> am dritten Tage auferstanden von den Toten,
> aufgefahren in den Himmel;
> er sitzt zur Rechten Gottes, des allmächtigen Vaters;

> von dort wird er kommen,
> zu richten die Lebenden und die Toten.
> Ich glaube an den Heiligen Geist,
> die heilige christliche Kirche,
> Gemeinschaft der Heiligen, Vergebung der Sünden,
> Auferstehung der Toten und das ewige Leben.
> Amen.

Im Gottesdienst wird das Apostolische Glaubensbekenntnis als persönliches Bekenntnis gebetet, zuweilen auch gesungen, und es beinhaltet viele Glaubensaussagen, die sich vielleicht beim näheren Hinsehen für manch einen nicht *einfach glauben* lassen. Doch das Apostolische Glaubensbekenntnis geht auf die zentralen Aussagen der Apostel über Jesus zurück. Und die Christen der frühen Kirche haben sich auf diese Sätze geeinigt. Seit Jahrhunderten wird so ausgedrückt, woran Christen glauben.

An diesen Glaubensaussagen darf man sich aber auch wunderbar reiben. Denn wenn ich mit Menschen diskutiere, die nicht glauben wollen oder können, laufe ich meist Gefahr schon beim ersten Satz schachmatt geredet zu werden: *„Ich glaube an Gott, den Vater, den Allmächtigen, den Schöpfer des Himmels und der Erde."* – Nämlich dann, wenn die Frage nach dem Leid auftaucht: Wenn Gott allmächtig ist, wieso gibt es dann so viel Leid und Ungerechtigkeit?

Glaube muss das aushalten, diesen scheinbaren Zwiespalt, diese scheinbare Ohnmacht Gottes im Angesicht des Leids.

Und Gott selbst hat gezeigt, wie das geht. Seinen eigenen Sohn hat Gott ohnmächtig leiden sehen müssen. Aber Jesus hat weiter auf ihn, seinen Vater, vertraut. Er hat das Leid mit voller Last getragen, weil es zum Menschsein dazugehört, und konnte uns Menschen so Hoffnung und Zuversicht schenken auf ein Leben nach dem Tod. Er hat uns gelehrt, dass wir mit all unserem Leid, unseren Fehlern, unserer Not immer wieder zu Gott kommen können.

Ich habe einfach noch nie daran geglaubt, dass Gott bloß der große Bestimmer ist, wie ich es als Kind immer sein wollte. Jemand, der alles nur nach seinem Sinne regelt, sodass wir alle in „Friede-Freude-Eierkuchenharmonie" leben.

Letztlich ist die Welt und sind die Menschen so gemacht, dass sie sich auch zum Bösen wenden können. Das ist die Entscheidungsfreiheit, die uns Menschen seit dem Garten Eden, dem Sündenfall von Adam und Eva, gegeben ist.

Daher glaube ich ganz einfach, dass die Allmacht Gottes sich vor allem in den guten Taten, der Vergebung und der Liebe zu Mitmenschen zeigt, und ich hadere genau wie jeder andere an den Ungerechtigkeiten des Lebens und den Dingen, die unverständlich und grausam sind. Ich weiß auch nicht, warum schreckliche Dinge passieren. Aber indem ich einfach glaube, dass Gott mich nie verlässt und ich nie allein sein werde mit meiner Not, kann ich einfacher umgehen mit den Zwiespälten, die letztlich meinen Verstand übersteigen. Ich vertraue trotzdem darauf, dass Gott all das in seiner Hand hält.

Alles in Gottes Hand

Es war ein nasskalter Abend mitten in Köln. Ich stand im Schatten des Doms unter dem hell erleuchteten Lichterzelt des Weihnachtsmarkts, und der Tannenbaum grüßte in diesem Jahr von weiter Ferne besonders schön. Herrlich symmetrisch streckten sich seine Zweige den Türmen der mächtigen Kathedrale entgegen. So als wollte er sich messen mit der majestätischen Schönheit des Prachtbaus. So als wollte er sich ausstrecken nach etwas, das dort oben ist.

Unter den Tausenden von Lichtern stehend haben die Menschen allerdings nur Augen für Glühwein, Eierpunsch und Feuerzangenbowle. Typisch Köln, denke ich. Alles redet wild durcheinander und am Ende wird immer geschunkelt. Da kann sich der Baum noch so anstrengen, dass jemand den Blick nach oben richtet.

Gleich ist es 21 Uhr, dann schnellen die Rollladen der Buden auf dem Platz nach unten und für viele geht's an der Weihnachtspyramide weiter. Dort gibt es noch Musik, Glühwein und beste Stimmung. Für eine Stunde. Eine Verlängerung, um den Alltag zu vergessen oder das zu suchen, was so schwer zu finden ist: Weihnachtsfrieden, Weihnachtsstimmung, Weihnachtsgeist.

Ich stelle fest, alle alkoholischen Heißgetränke schmecken hier pappig, sie sind viel zu süß und die Leute scheinen mir ein bisschen zu gut drauf zu sein. Da sitzt ein einsamer Sänger als Alleinunterhalter im billigsten Polyester-Weihnachtsmannkostüm – wie reingewachsen – in seiner Bretterbude und präsentiert ein schrilles Potpourri aus internationalen X-mas-Songs, kölschem Liedgut und deutschem Weihnachtsfeeling.

Wo steckt er, der besinnliche Geist der Weihnacht? Etwa auf diesem Platz? Mit turmhohem Ochs und Esel und Kamel-Ensemble? Mit kitschigster Krippenidylle? Wohl hier eher nicht, denke ich.

Und dann macht er sich doch breit – mit aller Macht. Denn auf den gläsernen Bechern, gefüllt mit schlechtem Glühwein, steht klein in goldenen Lettern geschrieben:

„Egal, was die Zeit auch bringt, es liegt in Gottes Hand."
Psalm 31,16

Ausgerechnet hier ein Bibelvers. Ich muss ihn ganz verwundert laut gelesen haben, denn die blonde Frohnatur, Anfang 50, rechts neben mir, die die ganze Zeit alle Songs des Weihnachtsbudenmanns mitträllert, hält inne und wendet sich fragend an mich:

„Das ist so gut, dass man gehalten wird, oder?"

„Ja!", antworte ich und unsere beiden Blicke wandern nach oben.

Und dann tauschen wir uns aus – über den Tod und das Leben. Über Verluste und Sorgen. Über Nöte und Freuden von Müttern. Übers Kümmern und Abschiede. Zwei fremde Frauen mitten auf dem Platz! Und mit den gläsernen Bechern mit schlechtem Glühwein und dem Jahrtausende alten Psalm in der Hand sind wir einander einen Moment lang Trost und Stütze.

Fast gleichzeitig richten wir beim Sagen von „Auf Wiedersehen und frohes Fest" den Blick nach oben. Und wir beide spüren ihn ganz deutlich: den Geist besinnlicher Weihnacht, wie er zwischen Tannenbaum und Lichtermeer den Domspitzen zustrebt.

Das Licht der Kerze

Es gibt wohl kein anderes Symbol, das so stark das Geborgensein in Gottes Hand ausdrückt wie eine brennende Kerze. Nicht nur in Deutschland. Weltweit entzünden Menschen eine Kerze, wenn jemand in Not geraten ist, wenn eine wichtige Prüfung ansteht oder ein Angehöriger eine Operation über sich zu ergehen lassen hat. Oder man denke nur an Geburtstagskerzen, die ganz selbstverständlich entzündet werden als Zeichen. Als eine Erinnerung an die vergangenen Jahre und als fröhlich leuchtende Hoffnung für das vor einem liegende Lebensjahr.

Ab dem 15. Jahrhundert gab es sogar in ländlichen Gebieten den Brauch, sogenannte Schauer- oder Wetterkerzen anzuzünden und sich bei schlechter Wetterlage um die Flamme zu versammeln. Dass diese Kerzen aus weißem oder schwarzem Wachs Trost spendeten, steht außer Frage. Opferkerzen, die als sichtbares Gebet, quasi als brennende Fürbitte, in Kirchen aufgestellt werden, tun dies heute ebenso. Im Gottesdienstraum erinnern sie daran, dass Jesus für uns Menschen das Licht der Welt ist und die Finsternis vertrieben hat. Und Gläubige singen in der Osternacht „Lumen Christi – Deo gratias" (Christus das Licht! – Dank sei Gott!), während der dunkle Gottesdienstraum immer mehr durch das Kerzenlicht erhellt wird.

Man mag drüber denken, wie man möchte, ob Wetterkerzen bei nahendem Unwetter Schäden und Blitzeinschläge abwenden. Doch angesichts von Hilflosigkeit und Dunkelheit spendet das Licht einer Kerze Hoffnung. Sie ist ein lebendiges Zeichen des Glaubens, auch an ein Leben nach dem Tod.

Kerzen sind lebendige Zeichen des Glaubens in Freude und Leid. Auch für all jene, die nix mit Kirche am Hut haben. Sie laden uns ein in die Begegnung mit Gott. Um im Schein einer Kerze an die Hoffnung und Gegenwart desjenigen zu glauben, der von sich selbst sagt: *„Ich bin das Licht für die Welt. Wer mir folgt, tappt nicht mehr im Dunkeln, sondern hat das Licht und mit ihm das Leben."*[3]

Kerzen im Kölner Hauptbahnhof

Wer kennt Sie nicht, die aufgestellten brennenden Kerzen an Orten, wo Menschen ihr Leben verloren haben? Vor gar nicht allzu langer Zeit brach im Kölner Hauptbahnhof eine Frau mittleren Alters vor mir zusammen. Sie hatte starke Luftnot und große Angst stand in ihren Augen. Wir Passanten versuchten noch sie zu beruhigen, doch dann kollabierte sie und sofort begann ein zufällig vorbeikommender Arzt mit der Wiederbelebung. Es schien, als ob weder seine Herzrhythmusmassage helfen könnte noch die heraneilenden Rettungskräfte mit Defibrillator und Infusionen. Trotzdem hatte ich, als ich nach Hause ging, ein ganz wenig Hoffnung, dass die Dame es vielleicht im

Krankenhaus doch noch zurück ins Leben geschafft haben könnte.

Als ich jedoch am nächsten Morgen an der Stelle vorbeikam, wo sie gelegen hatte, brannten dort einige Kerzen und ließen Passanten kurz verweilen, bevor die brennenden Lichter von den Sicherheitskräften aus dem Bahnhof entfernt wurden.

2. SPÜRBAR GUTES

Vertrauen ist wichtig

Der Glaube, die Kirche, Gott, der Heilige Geist – ich bin überzeugt: Wer hinhört, der findet all das mitten im Alltag. Aber der „Ruf" dahin ist manchmal nur sehr schwer wahrzunehmen. Unser lautes, hektisches Leben übertönt meist das Gute, wonach wir uns unbewusst oder doch ganz bewusst sehnen, sodass wir oft gar keine Ahnung haben, was genau das ist, das uns da fehlt.

Vielleicht dieser vorbehaltlose Kinderglaube an den lieben Gott? Vielleicht die Zuversicht der eigenen Großeltern, dokumentiert durch Dürers „Betende Hände", die seit Jahrzehnten über ihrem Radio hängen? Vielleicht Werte, die befreundete Familien anscheinend miteinander leben? Vielleicht …

Unser Leben braucht Vertrauen und Mut, sprich: Glaube.

Das deutsche Wort „Glaube" kommt ursprünglich aus dem Indogermanischen. Es bedeutet im Kern etwas gutheißen, begehren, vertrauen.

Keine leichte Aufgabe so mitten im Alltag, wenn stetige Veränderung an der Tagesordnung ist. Wenn es immer wieder heißt: „Bloß nicht stehen bleiben!"

Obwohl: Die wenigsten scheinen ja begeistert zu sein, wenn privat Veränderungen oder berufliche Entscheidungen anstehen, die getroffen werden müssen. Insbesondere dann, wenn die jeweilige Situation von einem kaum selbst bestimmt werden kann. Aber wie soll man da noch hellhörig sein, ob da etwas „Gutes von oben" kommt? Kein Wunder, dass sich Unsicherheit breitmacht und der Mut sinkt.

Angst und Sorge dürfen in unserem Leben nicht überhandnehmen. Oder noch mal mit dem alten Kirchenlied gefragt: „Was helfen uns die schweren Sorgen, was hilft uns unser Weh und Ach?"

Deswegen ist Glaube, ist Vertrauen so wichtig! Wir spüren vielleicht diese Sehnsucht, die uns aus dem Schneckenhaus lockt, in das wir uns nur allzu gern bei Sorgen und Problemen verkriechen. Der Glaube aber rüttelt die Hoffnung wach, dass alles wieder gut wird, dass es eine Lösung gibt. Der Glaube schenkt uns Zuversicht und erinnert uns daran, wie das Leben gelingen kann: „Nur das Rechte tun, anderen mit Güte begegnen und einsichtig gehen mit deinem Gott."[4]

Damit wir aber diese Zuversicht haben und „einsichtig" werden können, braucht es wie im vorigen Kapitel beschrieben die Begegnung, das Gespräch – und die Bibel. Denn aus ihr spricht der Heilige Geist. Er ist derjenige, der in uns den Glauben weckt. Er lockt uns. Er löst etwas aus in uns. Damit wir Vertrauen haben dürfen.

Man muss das allerdings erstens Mitbekommen und zweitens Zulassen.

Mitmachen, ausprobieren und sich ein Stück fallen lassen: Ich glaub, genau das wünscht sich der Heilige Geist.

Ich geb Ihnen mal ein Beispiel, wie ich das bei Sorgen und Veränderungen erlebt habe:

Einmal klagte ich als ganz junge Mutter während einer langen Autofahrt einem befreundeten Pfarrer aus der Nachbargemeinde mein ganzes Elend: „Ich weiß nicht, wie das alles gehen soll, das sind zu viele Baustellen. Keine Ahnung, wie ich das hinkriegen soll."

Das ging in der Art und Weise die ganze Fahrt so weiter und Pfarrer Jansen wusste während meiner langen Litanei auch nicht viel konkrete Hilfe anzubieten. Aber irgendwann hat er sich zu mir gedreht und mich augenzwinkernd gebeten, doch mal kurz still zu werden: „Mädchen, vertrau doch mal auf den Heiligen Geist. Versuch mal hinzuhören und lass den mal machen, das wird schon. Das glaub ich ganz sicher."

Und tatsächlich! Mein Problem hat sich relativ schnell in Wohlgefallen aufgelöst. Aber das Bemerkenswerte war, wie sehr es mir geholfen hat, dass da einer war, der so fest für mich daran geglaubt hat, dass alles gut wird. Dadurch war das „Riesenproblem" schon mal ein ganzes Stück weniger bedrohlich.

Vielleicht kennen Sie das auch, dass sich plötzlich, wie durch einen Geistesblitz, eine Situation zum Positiven verändert. Meine Oma nannte so etwas immer „Gottes Fügung". Für mich ist es das „hörbare" Wirken des „Heiligen Geistes".

Ich habe das mehrmals erlebt, und ich möchte Ihnen Mut machen, mal im Alltag hinzuhören und in der Bibel nachzulesen, wie Gott damals mit Menschen in ganz vergleichbaren Situationen umgegangen ist.

Es gehört Vertrauen dazu, wenn man diesen „Ruf" hören will. Sonst hätte Petrus wohl auch niemals einen Fuß aus dem Boot gesetzt, als er Jesus vom Wasser aus rufen hörte. Und wissen Sie was? Bekanntlich reicht für solch einen Schritt schon ein Minimum, ein Senfkorn an Glaube.

Wer ist der Heilige Geist?

Sehen kann man ihn nicht, wohl aber spüren. Denn wo immer etwas Neues im Glauben entsteht, spielt der Heilige Geist eine Rolle. Im wahrsten Sinne des Wortes be-*geist*-ert er. Doch für viele scheint er neben Vater und Sohn der große Unbekannte zu sein, dabei beten Christen weltweit wie selbstverständlich: „Im Namen des Vaters und Sohnes und Heiligen Geistes." Er gehört zur Dreieinigkeit, den drei Wesenstypen Gottes. Und zwar schon seit Anbeginn der Zeit, wie die Bibel in ihrem ersten Vers schreibt: *„Der Geist Gottes schwebte über dem Wasser."*[5] Er ist ein Ausdruck von Gottes Gegenwart und Kraft. Aber er tut noch mehr: Er verändert, gibt Kraft, schafft Neues, sodass durch Menschen Gottes gute Botschaft in diese Welt kommt.

Wo überall der Geist wirkt

Ich bin tatsächlich ein großer Fan vom Wirken des Heiligen Geistes, und „ich glaube an den Heiligen Geist", so wie es im Glaubensbekenntnis gebetet wird. Ich weiß aber, dass sich viele schwertun mit dem Begriff. Für mich persönlich hab ich da eine ganz einfache Erklärung: Immer da, wo mein Herz bewegt wird, wo ich meinen Glauben deutlich spüren kann, wo sich andere begeistern lassen, da glaube ich an das Werk des Heiligen Geistes.

„Geist" als solches ist ein Begriff, der uns oft auch im nicht religiös geprägten Alltag begegnet. Da wird der neue Geist der deutschen Eishockeymannschaft im olympischen Finale gegen Russland beschworen. Oder es wird beim Wettkampf der Sportsgeist bemüht, um Werte wie Fairness und Zusammenhalt zu beschreiben. Ich habe auch schon Hotelbeschreibungen gelesen, die den besonderen Geist ihres Hauses für Werbezwecke betonen. Aufmerksamkeit, Flexibilität und Fürsorge waren da die Attribute.

Der Heilige Geist wird oft in Form eines Vogels, einer Taube, dargestellt. Ich finde das sehr passend, denn in meiner Vorstellung bewegt er sich zwischen Himmel und Erde, und dabei beweist er durchaus eine Menge Humor. Beispielsweise zeigte sich dieser ziemlich deutlich, als im Oktober 1969 in Ostberlin der neue Fernsehturm eröffnet wurde und die atheistischen Staatsoberen der DDR bei Sonnenschein ein Kreuz am „Telespargel" über der Stadt leuchten sahen. Im Westen sprach man schnell von der „Rache des Papstes" und ich finde diese Begebenheit jedes Mal, wenn ich in Berlin bin, sehr zum Schmunzeln, wenn ich nach oben zum Fernsehturm gucke.

Wenn der Heilige Geist im Autoscooter steckt

Nach all den glaubensstärkenden Erfahrungen in Kamp-Lintfort sind wir als Familie 1993 nach Hamburg gezogen, und ich war gelinde gesagt etwas entgeistert: tiefste Diaspora, weit und breit kein goldenes Kalb, das durch die Kirche getragen wurde, und der Heilige Geist blies höchstens als laues Lüftchen um mich herum; ich vermute, auch um einige andere.

Als ich mir dann aber doch ein Herz fasste und mich beim örtlichen Pfarrer vorstellte und ihm meine Dienste als Lektor anbot, meinte dieser nur: „Wir haben genug Leute, die lesen können!"

Pfarrer Markfort hätte gesagt: „Klar! Dienstagmorgen um acht Uhr brauche ich noch jemanden." Dann hätte er es geprüft, ob ich tatsächlich erscheine und lesen kann, und dann wäre ich auch mal am Sonntag drangekommen. Aber jeder Jeck ist halt anders.

Mit der neuen Situation in Hamburg tat ich mich wirklich schwer, denn meine kirchliche Heimat hatte ich ein wenig verloren. Schließlich war ich mittlerweile Mutter von drei Kindern, hatte meine Karriere gestartet und mein Alltag war auch ohne großartiges kirchliches Engagement ausgefüllt genug. Dennoch spürte ich die Sehnsucht, den Schatz meiner Jugend mit neuen Schätzen des Erwachsenenlebens aufzufüllen. Mal wieder was richtig Sinnvolles zu machen, das fehlte mir schon. Aber richtig eingelassen auf die Möglichkeiten, die es gab, habe ich mich nicht. Ich hab nicht mehr richtig hingeschaut, nicht mehr richtig hingehört und bin erst recht nicht ins Gespräch gekommen.

Mittlerweile arbeitete ich beim Fernsehen, und zwar hauptsächlich in Berlin. Da war ein öffentliches Bekenntnis zum Glauben – katholisch zu sein und darüber zu reden – so unmöglich, wie für einen Veganer ein Wiener Schnitzel zu essen.

In dieser Zeit starb dann Pfarrer Markfort. Mit ihm war ich immer in Kontakt geblieben; ich habe ihn oft in Nordwalde zum Geburtstag oder anlässlich von Jubiläen besucht. Er starb nach langer Krankheit mit 78 Jahren. Auf der Fahrt zu seiner Beerdigung unterhielten meine Schwester und ich uns über die alten Zeiten und auch darüber, wie sehr sich für mich alles verändert hatte.

Ich war ein wenig bedrückt, wie das alles weitergehen sollte mit mir und dem Glauben und der Gemeinschaft, als wir in Nordwalde ankamen und wie immer den großen Parkplatz direkt vor dem Pfarrhaus ansteuerten.

Aber der war gesperrt! Denn rund um die Kirche war Kirmes!

Es brauchte ein paar Sekunden, bis ich diese Botschaft verstand. War es nicht Pfarrer Markfort, der mich mit seinen einleitenden Worten zu seinem Namen („Wenn ihr Autoscooter fahren wollt, braucht ihr eine Mark. Und wenn ihr dann gefahren seid, ist die Mark fort. Und so heiß ich: Albert Markfort!") erstmalig für den Glauben begeistert hatte?

Ja, lieber Gott, ich hab es verstanden, dachte ich da. Deutlicher konnte der Ruf, oder besser gesagt die Ermahnung, dem Schatz der Jugend, meinem Glauben, treu zu bleiben, nun wirklich nicht ausfallen.

Ich hab das mit der Kirmes angenommen als ein Zeichen, mich nicht abbringen zu lassen von meinem Weg. Der Heilige Geist hatte es mal wieder geschafft, mir ins Gewissen zu reden, oder wie meine Oma gesagt hätte: Das war Gottes Fügung! Manchmal gebraucht er eine Kirmes dafür oder schenkt jede Menge Mut.

> Glaube: ein zuversichtliches Vertrauen auf das, was man hofft, ein festes Überzeugtsein von Dingen, die man nicht sieht.[6]

Es muss ein guter Geist gewesen sein

Es muss ein guter Geist gewesen sein, der damals über der neu renovierten Cafeteria im Gebäude an der Barlachstraße wehte. Zögerlich waren wir Eltern, vielleicht zwanzig Paare, durch das alte Bäckereigebäude gelaufen, vorbei an ganz normal wirkenden Wohnungstüren mit mehr oder weniger geschmackvollen Außendekorationen: Kunstblumenkränze, Straßenschuhe und Fußmatten mit freundlichen Begrüßungsfloskeln. Hier sollte eine neue Schule entstehen, ein katholisches Gymnasium im Süden von Hamburg.

Endlich in der Cafeteria angekommen sahen wir uns einem ganzen Bataillon pädagogischer Fachkompetenz gegenüber: Schwester Peters, Frau Lange, Frau Rammé, Herr Pfennig. Ehrlich gesagt, ich war ein wenig eingeschüchtert!

Später gestand mir Frau Rammé augenzwinkernd (sie wurde später Schulleiterin), wie aufgeregt sie selbst alle gewesen waren. Da haben viele Herzen im Takt bis zum Hals geschlagen, denke ich. Für uns Eltern ging es schließlich darum, für unsere Kinder den Weg in eine gute Zukunft zu ebnen, und die Lehrer mussten eine Schule „verkaufen", die es so noch gar nicht gab.

Es muss ein guter Geist gewesen sein, der Schwester Peters vom Schulorden des Heiligsten Herzen Jesu (Sacré-Coeur) beflügelte, ihre eigenen Erfahrungen als Erstschülerin eines Gymnasiums packend zu schildern.

Es muss ein guter Geist gewesen sein, der ihr die rechten Worte eingab. Sie warben für ein christliches, die Schüler und Schülerinnen wahrnehmendes Gymnasium jenseits der Elbe. Hier im „wilden Süden", der noch tieferen Diaspora als eh schon im protestantischen Hamburg, sollte gemeinsam mit den Eltern etwas Neues und Eigenes aufgebaut werden: religiöse Erziehung und Bildung Hand in Hand: gemeinsames Lernen, angstfreies Miteinander durch engagierte Pädagogen mit echtem Interesse an den Schülern und Schülerinnen. Das muss doch gelingen.

Und es war, davon bin ich überzeugt, der gute Heilige Geist, der lockend aus Schwester Peters sprach: „Kommt, traut euch, egal was die anderen sagen, springt über euren Schatten."

So wie sie für das religiöse Modell an der Schule plädierte, ist mir tief in Erinnerung geblieben: „Wir leben den Schülerinnen und Schülern unseren christlichen Glauben vor – in jeder Unterrichtsstunde, in jeder Stunde des Tages, und geben ihnen damit einen Grundstock für ihr weiteres Leben. Nicht neben der Wissensvermittlung und dem Lehrplan, sondern echt und wahr und immer. Nicht mehr, aber auch nicht weniger! Was die Schüler damit anfangen, das sollen sie später selbst entscheiden. Egal, wie sie ihr Leben später gestalten und wohin es sie treibt: Wir leben christliche Grundwerte vor!"

Wir waren überzeugt und somit war von da an alles klar: Genau das wollten wir Eltern unseren Kindern ermöglichen, obwohl es noch kein Klassenzimmer zu besichtigen gab und es bei den wenigen Schülern zu Beginn wohl kaum eine Auswahl an AGs, Reisen und Ausstattung geben würde. Doch: Wir wollten genau das! Wegen der Werte und um des Glaubens willen.

Manch einer dachte sicherlich: Wir Eltern waren schlicht und ergreifend echten Menschenfischern aufgesessen! Doch es war gut, dass Bischof Werner Thissen im ersten Gottesdienst mit dabei war, denn so wurden durch die Präsenz seines Hirtenstabs Zweifel teilweise ausgeräumt, voll und ganz, aber nachdem er auf dem Schulhof gemeinsam mit den Schülern kickte! In Soutane!

Und dann ging es los: Wir alle, Eltern und Schüler, an einer Schule, behütet unter einem Zelt des guten Glaubens, ganz unabhängig von Konfession, Herkunft und Glaube. Das Niels-Stensen-Gymnasium war geboren.

Für uns als Familie liegt die Schulzeit nun schon einige Jahre hinter uns, doch ich muss heute sagen: dort herrschte ein guter Geist. Denn diese Schule hat unseren Kindern viel mehr gegeben als nur das Abitur! (Alle drei im ersten Anlauf: Yeahhh!) Sie haben in ihrer Schulzeit aufgrund der vorgelebten Werte und des vermittelten Glaubens einen Schatz gesammelt, den sie immer bewahren und wertschätzen werden, um daraus Kraft und Energie zu schöpfen.

Sie haben das Rüstzeug für alles Weitere erhalten, und ich wünsche ihnen, dass sie dieses in Ehren halten und losziehen in ihr Leben und ihn auch immer wieder erleben: den einen, den guten, den Heiligen Geist!

Übrigens: Der heilige Niels Stensen hat passende Worte für das Wirken des Heiligen Geistes gefunden und er hat unsere Familie damit einige Jahre ganz intensiv begleitet! Jeder Brief, jedes Zeugnis und jedes Jahrbuch erinnerte uns immer wieder an den Naturforscher und Bischof, der mit seinem Leben eindrücklich zeigte: Wissenschaft und Glaube schließen sich absolut nicht aus. Sie harmonieren sogar gut nebeneinander! Denn bei allem Verständnis von Biologie, Evolution und rationalem Lernen galt für ihn der Leitspruch:

> Schön ist, was wir sehen. Schöner, was wir wissen.
> Weitaus am schönsten, was wir nicht fassen.
> Niels Stensen (1638–1686),
> Naturforscher und Bischof in Hamburg und Schwerin

Aus kleinen Geistesblitzen kann Großes entstehen

Ich kann Ihnen nur Mut machen, Augen und Ohren offen zu halten. Für mich sind Gott, der Glaube, der Heilige Geist ständig präsent. Mitten im Leben. Durch Begegnungen und Begebenheiten, manchmal durch Zeichen und Symbole, oder wenn sich mitten in Krisen und Leid etwas ins Positive wendet. Man muss nur lernen hinzuhören, hinzuschauen oder mal still zu sein. Denn oft macht Gott nicht das große Brimborium, wenn er mit einem Fingerzeig etwas klarmachen will. Manchmal ist es einfach ein Geistesblitz, der wie aus dem Nichts (aber sicher „von oben") kommt, aus dem etwas Großes entsteht.

Die Schuhe von Papst Benedikt

In jeder Staffel meiner TV-Sendung „Der Haushaltscheck mit Yvonne Willicks" beschäftige ich mich auch mindestens mit einem Thema aus dem Bereich Nachhaltigkeit. So hatten wir auch eine Sendung, in der ich mich intensiv mit dem „Ausmisten, Recyceln und Entsorgen" beschäftigt habe. Aufgrund dieser Sendung kam das Kolpingwerk Deutschland auf mich zu mit der Bitte, den Kolpingtag in Köln als Botschafterin zu unterstützen.

Adolph Kolping, der Gesellenvater, der sich im 19. Jahrhundert für junge Arbeiter einsetzte und mittlerweile seliggesprochen ist, den kannte ich. Aber „Kolping" war für mich eher ein Verband für ältere Leute. Ich kam ja schließlich aus der Jugendarbeit!

Trotzdem habe ich gerne die Aufgabe übernommen, die Aktion „Mein Schuh tut gut" zu puschen. Alle Kolpingmitglieder waren aufgerufen, ihre ausrangierten Schuhe mit zum Kolpingtag nach Köln zu bringen und zu spenden. Das Kolping-Recyclingwerk werde dann, so hieß es, die Ware weiter verwerten und den Erlös an ein Projekt für Kinder und Jugendliche in Köln spenden.

Adolph Kolping war selbst Schuhmacher, bevor er Priester wurde. Für mich passte das alles perfekt zusammen und so bin ich als Botschafterin frohen Mutes in die erste Pressekonferenz gestartet, in der den Medien der Kolpingtag mit der Aktion vorgestellt wurde.

Aber irgendwie fehlte der ganzen Präsentation an dem frühen Vormittag der rechte Schwung. Nicht wegen eines mangelnden Engagements seitens der Verantwortlichen. Im Gegenteil! Eher wegen des spürbaren Desinteresses der Medien angesichts der wenigen Pressevertreter.

Schade, die schreiben bestimmt höchstens zwei Zeilen, dachte ich, als gerade jemand berichtete, dass zum Gottesdienst auch ein Nuntius aus Rom, ein Gesandter des Pontifex, ein Grußwort sprechen würde!

„Ach, das ist ja super! Da kann der gleich ein paar aussortierte rote Schuhe von Papst Benedikt mitbringen!", hab ich wohl ziemlich laut dazwischengerufen.

Von der Sekunde an herrschte ein völlig anderer Geist in dem Seminarraum im Kolpinghaus. Alle waren angesteckt von der guten Idee.

„Wie kriegen wir das hin? Offizielle Anfrage? Hm, immer schwierig."

„Ne, ich kenn doch den Gänswein, den Präfekten, den schreib ich direkt an."

Die Idee wurde weitergesponnen, im Hintergrund gingen ein paar E-Mails hin und her. Was soll ich sagen: Ein paar Wochen später, zur zweiten Pressekonferenz mit weitaus höherer Beteiligung, waren sie da: die echten roten Schuhe von Papst Benedikt, der sich sehr über die Aktion gefreut hat, wie mir ein Vertrauter von ihm erzählte.

In Rom wird heute noch darüber gesprochen. Wohl auch, weil durch das päpstliche Engagement und das offensichtliche Wirken des Heiligen Geistes mittlerweile viel gespendet wurde. Die Menschen haben am Kolpingtag Tausende Schuhe nach Köln geschleppt und sammeln immer noch fleißig für den guten Zweck!

Schreiben Sie ruhig mal auf, wann Ihnen Gott in der letzten Woche über den Weg gelaufen kam oder wann Sie vom Heiligen Geist eine gute Idee oder den berühmten Geistesblitz bekamen. Nicht immer muss daraus eine solch große Aktion entspringen; vielleicht „stupst" Sie der Heilige Geist dazu an, jemandem eine nette Karte zu schreiben, eine Freundin spontan zu besuchen oder für die Kollegen einen Kuchen mitzubringen. Sie dürfen gespannt sein, was daraus entsteht. Freude jedenfalls ist ein Kennzeichen des Wirkens des Heiligen Geistes.

Man muss auch Mut haben, sich zu verhören

Allerdings lässt sich nun wirklich nicht alles auf das Wirken des Heiligen Geistes schieben. Ich war neulich in einem gut besetzten Schnellrestaurant. Dort bestellt man an der Theke und wird aufgerufen, um sich sein Essen an den Tisch zu holen.

Ein älteres Ehepaar, offenbar aus England, mühte sich sichtlich mit dem Prozedere ab, fand kaum einen Platz, ohne die Tischnachbarn anzurempeln. Kurz: Die beiden waren ein wenig überfordert, als ihr Essen aufgerufen wurde.

Das haben die aber gar nicht mitbekommen und die Bedienung wusste, als keiner zum Abholen kam, auch nicht so recht weiter.

Ich fühlte mich angestupst, gelockt und herausgefordert. Ich ging daher an die Theke und hab dem Ehepaar ihre beiden Teller an den Tisch gebracht.

Staunende Augen und stotternden Dank vernahm ich.

Was soll ich sagen? Am Ende hatte überhaupt niemand mehr das Essen vor sich, was er bestellt hatte. Die englische Dame wollte gar nichts essen, denn die Matjes, die ich ihr gebracht hatte, waren für den Geschäftsmann gegenüber. Der Engländer hatte auch keine Pommes bestellt, sondern die Bratkartoffeln, die jetzt vor einer jungen Mutter standen.

Aber: Wir haben uns alle unterhalten! Letzten Endes glaub ich nicht, dass hier etwas Göttliches von oben mit im Spiel war. Das war dieses Mal einfach bloß zu gut gemeint von mir.

Für mich ging die Geschichte mit den Schuhen übrigens noch weiter: Mich hat die ganze Aktion so gepackt, dass ich gerne Kolpingschwester geworden bin, weil die Arbeit des Kolpingwerks das Einfache des Alltags mit einem besonderen Anliegen verbindet. Mit meiner Prominenz unterstütze ich daher immer wieder Themen und Projekte des Werks, beispielsweise als Schirmherrin das „Eine-Welt-Dinner". Dabei kocht man internationale Rezepte nach Vorlage aus fremden Ländern und bittet die Gäste im Anschluss an das schmackhafte Essen um eine Spende, die dann jeweils einem wohltätigen Kolping-Projekt im Ursprungsland des gekochten Gerichts zugutekommt. So kann man ganz einfach – beim geselligen Essen zu Hause mit Freunden, Nachbarn oder neuen Bekannten – noch etwas Gutes tun. Sich zu engagieren und ehrenamtlich nach den eigenen Möglichkeiten unterstützend zu wirken – für mich ist das trotz meines stressigen Alltags ganz wichtig, um anderen etwas zurückzugeben, um gemeinsam aktiv zu sein und um den Glauben zu leben.

Wenn auch Sie eine solche Sehnsucht verspüren: Es gibt unzählige tolle Projekte, die nur auf Sie warten.

Wann ist Ihnen zuletzt etwas widerfahren, wo Sie dachten, dass dieser Geistesblitz nicht von Ihnen war? Wie hat sich die Situation entwickelt? Was ist entstanden? Und worauf wollen Sie in Zukunft stärker achten?

> Atme in mir, du Heiliger Geist,
> dass ich Heiliges denke.
> Treibe mich, du Heiliger Geist,
> dass ich Heiliges tue.
> Locke mich, du Heiliger Geist,
> dass ich Heiliges liebe.
> Stärke mich, du Heiliger Geist,
> dass ich Heiliges hüte.
> Hüte mich, du Heiliger Geist,
> dass ich das Heilige nimmer verliere.
> (Augustinus zugeschrieben)

Der Bibel Raum geben

Einerseits kann uns der Heilige Geist auf Dinge aufmerksam machen, andererseits steht in der Bibel viel Gutes, das uns im Leben weiterhelfen kann. Nur schrecken viele Menschen vor dem Lesen der Bibel zurück. Sie wissen nicht, wo sie anfangen sollen; sie kommen mit der Sprache nicht zurecht oder sie scheitern mittendrin an manchen Begriffen.

Aber ist es nicht ein wenig merkwürdig? Je mehr sich unsere Welt und Zeit von der christlichen Tradition entfernt, je weniger sie die Bibel kennt, desto mehr wächst die Sehnsucht nach einer Botschaft, die wirklich glaubwürdig ist und Hoffnung freisetzt. Gerade in einer Zeit, in der man von aufgebauschten Fake-News und Meldungen ohne tatsächlichen Inhalt geradezu torpediert wird.

Vor allem scheint es vielen Menschen an etwas zu fehlen, das sie wirklich glücklich macht. Dass die Bibel aber ein Schlüssel sein könnte, wieder das Gute im Leben freizusetzen, das trauen wohl die wenigsten diesem jahrhundertealten Buch zu.

Die Bibel ist und bleibt ein beispielhaftes Buch voll an menschlichen Erfahrungen – mit allen Licht- und Schattenseiten. Da wird geliebt, gestohlen, verhandelt, begehrt, sich getrennt, Freundschaft gepflegt und, und, und. Das pure Leben, wie es nun mal spielt.

Die Bibel ist auch ein Buch der Hoffnung. Ich persönlich finde es toll, mit der Bibel ein Buch voller Hoffnungsgeschichten zu haben. Gerade in den Geschichten, in denen Menschen Jesus begegnen, sehe ich sie. Er tritt in ihr Leben und schenkt ihnen Perspektive. Wenn man diese Geschichten liest, stellt man irgendwann fest: Ich darf wieder Vertrauen haben. Denn Gott schenkt mir Raum für ein verändertes, anderes, neues Leben. Und so machen die Geschichten das Leben weit und öffnen es.

Ein Schatz an Lebensweisheiten

All diese Geschichten stammen aus dem „Buch der Bücher", dem meistverkauften Werk der Weltgeschichte. Fast jeder hat irgendwo zu Hause eine Ausgabe rumliegen – als Kinderbibel aus der Grundschule, als Heilige Schrift in der Einheitsübersetzung oder mit den weitläufig bekannten Formulierungen nach der Übersetzung von Martin Luther. Vielleicht war sie ein Geschenk zur Hochzeit oder ist ein Erbstück von den Großeltern. In vielen Hotels liegt auch ein Neues Testament im Nachttisch.

Einmal erlebte ich, wie während meines Check-Ins an der Rezeption im Hotel ein wütender Gast die Bibel auf die Theke schlug. So einen „Scheiß von vorgestern" wolle er nicht in seinem Zimmer haben, wütete er. Mit dem rückständigen Mist habe er nichts am Hut.

Ich war von seiner heftigen Reaktion überrascht, denn die Bibel ist ja nicht nur ein Buch, in dem ich dem Glauben näherkomme, sondern auch gesellschaftlich ein Bildungsbuch über unsere Menschheitsgeschichte, unsere Kultur, Kunst und Architektur.

Wer weiß, welche negativen Erfahrungen der Mann mit Religion schon gemacht hat? Fakt ist: Wer die Bibel gar nicht kennt, der kann Zusammenhänge unserer Kultur und Tradition schwerer einordnen.

Aus eigener Erfahrung weiß ich, mit Kindern lassen sich die großen Erzählungen wunderbar neu erleben. Kinder fiebern richtig mit: Sie bewundern den Mut des Archebauers Noah, sie trauern mit dem von seinen Brüdern verratenen Joseph und freuen sich später über dessen Gewitztheit, und die Geschichte um den ausgesetzten kleinen Mose lässt sie staunen. Manch ein Kind wird vielleicht auch erinnert an das eigene „Über-die-Stränge-schlagen" angesichts der Ignoranz des Volkes Israel, als Mose nur kurz mal auf den Berg Sinai ging, um die Zehn Gebote zu empfangen, und das Volk das „Kalb" rausließ.

In unserer Familie ist es Tradition, an Ostern einen Bibelfilm zu gucken. Meist ist es die Monumentalverfilmung „Die Zehn Gebote" mit Charlton Heston in der Hauptrolle als Mose.

Bis ins Erwachsenenalter regen sich unsere drei Kinder über den Bau des goldenen Kalbs und das orgiastische Fest leidenschaftlich auf: „Die benehmen sich wie kleine Kinder ... meine Güte! Und kaum ist mal zwei Tage nix zu essen da, wird nur gejammert. Der Mose hatte es aber auch nicht leicht."

Dass dann ausgerechnet Mose das Gelobte Land nicht mehr erreichen durfte, hat in unserer Familie schon zu vielen lebhaften Diskussionen geführt.

In den biblischen Geschichten kommen halt alle menschlichen Abgründe und Enttäuschungen vor: Herausforderungen, Liebe, Versuchung, Mut und Vertrauen. Auch Gefühle großer Trauer oder Neid und Missgunst, aber auch Vergebung, Verstehen und Verzeihen sind in den Versen und Psalmen beschrieben.

All diese Worte und Geschichten regen an zum Nachdenken, Weiterlesen und Verinnerlichen. Und damit ist die Bibel ein Schatz an Lebensweisheiten, die durch das Leben tragen.

Mehrwert und starker Service

Ganz spannend finde ich, dass sich mit der eigenen Lebenserfahrung, Reife und Weiterentwicklung die Sichtweise und Interpretationen der alten biblischen Geschichten verändern. So werden die Texte einfach nicht langweilig oder altmodisch.

Selbst Menschen, die meinen, sie hätten mit Kirche nix am Hut, finden in den teilweise 3000 Jahre alten Texten Themen, Werte und Orientierung für ein gelingendes Leben. Bestes Beispiel ist die Bergpredigt im Matthäusevangelium, Kapitel 5–7. In ihr geht es unter anderem um die Frage nach Glück und erfülltem Leben. Wer hätte das nicht gerne? Und weil Jesus in dieser Rede Beispiele aus dem Leben aufgreift, sind diese für viele Menschen, nicht nur für Gläubige, eine Anleitung fürs Leben.

Schön, dass für uns vielerorts eine Bibel in greifbarer Nähe ist, auch wenn die wenigsten sie stringent Seite für Seite von Anfang bis Ende lesen. Das macht auch nichts, schließlich finden sich viele unterschiedliche Bücher zwischen den Buchdeckeln.

> Die Bergpredigt wird überall verstanden, denn sie appelliert an das, was den Menschen zum Menschen macht.
>
> Carl-Friedrich von Weizsäcker,
> deutscher Physiker, Philosoph und Friedensforscher

Da gibt es Bücher, die eher Geschichten erzählen, wie die ersten beiden Bücher Mose, das Buch Esther oder die Samuel-Bücher im Alten Testament.

Im Neuen Testament sind es die vier Evangelien. Diese Erzählungen lassen sich einfacher lesen und verstehen als beispielsweise die vielen Regeln und Vorschriften im dritten und vierten Buch Mose oder die Offenbarung des Johannes im Neuen Testament (sehr schwere Kost).

Spannend sind aber auch die Briefe des Apostels Paulus an die Gemeinden, weil sie quasi unmittelbare Glaubenszeugnisse sind. Entstanden sind diese relativ kurz, circa 50 bis 80 Jahre nach dem Leben und Tod Jesu.

Nicht zu vergessen die Psalmen, deren Weisheiten oft als Tauf- und Trauspruch oder Trostwort verwendet werden.

Im Fernsehjargon würden wir jetzt sagen: Es hat einen großen Mehrwert, sich mit der Bibel zu beschäftigen, ihr Servicecharakter ist stark ausgeprägt, und die einzelnen Erzählungen haben eine gute Fallhöhe und hohen Unterhaltungsfaktor!

Anders ausgedrückt: Man nimmt was mit fürs Leben!

Vielleicht lesen Sie mal wieder rein?! Und vielleicht bringen die Texte dann eine Saite in Ihnen zum Klingen, die lange verstummt war.

> Ich glaube, dass die Bibel allein die Antwort
> auf alle unsere Fragen ist und dass wir nur anhaltend
> und demütig zu fragen brauchen,
> um die Antwort von ihr zu bekommen.
> Dietrich Bonhoeffer (1906-1945),
> deutscher evangelischer Theologe

Wo anfangen in der Bibel?

Sie halten nun eine Bibel in den Händen und blättern ratlos in den vielen hundert Seiten herum? Oder sie haben mal vorne angefangen und sind wenig später bei den Namensregistern ausgestiegen?

Die Bibel von vorne bis hinten durchzulesen, würde ich einem Neuling in Sachen Bibel nicht empfehlen. Denn die Bibel zu lesen, das ist tatsächlich gar nicht so einfach. Aber man kann es sich einfach machen. Da nämlich die Bibel aus vielen verschiedenen Büchern besteht, ist sie quasi wie eine Bibliothek. Und da dürfen Sie sich ein Buch aussuchen oder eben sogar eine einzelne Geschichte. Vielleicht möchten Sie ja mit etwas Erzählerischem wie einem der vier Evangelien im Neuen Testament beginnen, dann eignet sich das Markusevangelium als kürzestes. Falls Sie aber mit der bekannten Weihnachtsgeschichte beginnen wollen, sollten Sie bei Lukas starten.

Hier noch ein Tipp: Anregungen fürs Beten finden Sie ganz bestimmt im Buch der Psalmen. Lesen Sie eine Passage und lassen Sie die Worte in einem Moment der Stille auf sich wirken. Impulse fürs eigene Leben kommen Ihnen dabei bestimmt in den Sinn.

Warum überhaupt in der Bibel lesen?

In Kapitel 1 hatten wir es schon gesagt: Glaube hat viel mit Begegnung zu tun. Und natürlich kann Gott einem durch den Heiligen Geist mitten im Alltag begegnen. Vor allem aber begegnen wir Menschen ihm in der Bibel. Dort zeigt sich Gott. Dort dürfen wir ihn kennenlernen. Seinen Charakter wie sein Wesen. Letztlich kann nur aus dem

Kennenlernen aufrichtiges Vertrauen, eben Glaube, entstehen.

Gott bloß als Freund zu folgen, so wie bei Facebook oder in anderen sozialen Netzwerken, lässt kein Vertrauen entstehen. Für eine Beziehung braucht es das Kennenlernen, das Miteinander im wahren Leben.

Lesen Sie doch mal das Johannesevangelium. Wenn es ein Buch der Bibel gibt, das am besten beschreibt, wie Gott ist, dann dieses. Dort lernen Sie Jesus so richtig kennen.

Meine Lieblings-Bibelgeschichte

Eine meiner Lieblingsstellen in der Bibel ist die Geschichte mit Zachäus (Lukas 19,1–10). Schon damals im Erstkommunionsunterricht war sie ein großes Thema für mich. Mitten in der Menschenmasse bemerkt Jesus den zu klein geratenen Zöllner, der auf einen Baum geklettert war, um ihn zu sehen. Anschließend lädt sich Jesus quasi selbst bei dem „Sünder" zum Essen ein.

Ich hab mir immer vorgestellt, wie Jesus und Zachäus miteinander diskutiert haben und dem Zöllner klar wird: So kann es nicht weitergehen, ich muss mein Leben ändern.

Vielleicht kennen Sie das auch, dass Ihnen auf einmal eine Begegnung geschenkt wird, die überhaupt nicht zu erwarten war. Was, wenn es sich dabei um Gott selbst handelt?

Mir macht dieser Text heute klar: Glaube geht einfach, aber nicht allein. Gott begegnet mir. Dort wo ich gerade stecke. Mitten im Leben. Und sei es unbequem hockend auf einem Baum. Man muss nur neugierig sein und sich locken lassen von dem, was einem zuerst komisch vorkommt.

Die Geschichte von Zachäus

Lukas 19,1–10 (Volxbibel)[7]

Jesus kam auf seiner Reise auch durch die Stadt Jericho. Da wohnte ein Typ, der Zachäus hieß. Er war einer von den obersten Steuereintreibern und hatte durch seinen Job sehr viel Kohle verdient. Zachäus war ziemlich klein. Er wollte Jesus unbedingt auch mal sehen, aber es standen immer irgendwelche Leute davor, die ihm die Sicht versperrten. Darum suchte er sich einen Baum, auf den er raufklettern könnte, um von da eine bessere Sicht zu haben. Der sollte natürlich auf dem Weg liegen, wo Jesus noch vorbeigehen würde.

Als Jesus an dem Baum vorbeikam, sah er ihn da oben sitzen. Er rief ihm zu: „Hey, Zachäus, jetzt komm mal runter da! Ich würde mich heute gern bei dir zum Essen einladen!"

Zachäus kletterte, was das Zeug hielt, eilig von dem Baum runter und ging total aufgeregt mit Jesus zu sich nach Hause.

Die Leute, die das mitbekommen hatten, waren schon wieder am Lästern. „Er will bei so einem Dreckskerl zu Gast sein, obwohl der offensichtlich nicht so lebt, wie Gott das will!", motzten sie.

Zachäus stellte sich vor Jesus hin und meinte zu ihm: „Jesus, ich werde sofort die Hälfte von meinem Barvermögen an Obdachlose und Sozialhilfeempfänger verteilen. Und wenn ich jemanden in Steuerangelegenheiten betrogen hab, dann geb ich es ihm in der vierfachen Höhe wieder!"

Jesus lächelte ihn an: „Heute ist der wichtigste Tag für dich und für deine Familie! Weißt du, warum? Weil Gott dich heute mit in seine Familie aufgenommen hat! *Du bist einer von den Söhnen vom Abraham, die verloren waren. Das genau ist meine Aufgabe. Der Auserwählte, der Menschensohn, ist gekommen, um die Menschen wieder zurück zu Gott zu holen, die aufgegeben wurden oder die sich verirrt haben.*"

3. MITTEN IM LEBEN

Wo Glaube überall drinsteckt

Erinnern Sie sich noch an eins Ihrer zuletzt gefeierten christlichen Feste? Wie wurde gefeiert? Haben Sie das in guter oder in schlechter Erinnerung?

Wenn Sie zurückdenken an den kleinen Jungen oder an das junge Mädchen, das Sie bei Kommunion oder Konfirmation einmal waren: Wie viel ist noch in Ihnen vorhanden von dem „ollen" Kinderglauben? Ist da noch eine Sehnsucht nach Gemeinschaft? Ein Zugehörigkeitsgefühl zu Gott?

Und wie war das mit Ihrer Hochzeit? Haben Sie wegen der schönen Fotos und der Stimmung in der Kirche geheiratet? Oder war es Ihnen wichtig, diesen Weg nicht nur zu zweit, sondern auch bewusst mit Gott zu gehen?

Die meisten Leute, die ihre Kinder haben taufen lassen und kirchlich geheiratet haben, erinnern sich gerne an ihren Tauf- oder Hochzeitsspruch. Es ist schön, den ab und zu wieder hervorzuholen, zum Beispiel am Hochzeitstag oder Geburtstag. Denn die alten Worte der Psalmen oder Evangelien verlieren nie ihre Kraft. Sie schenken Zuversicht, Kraft, Trost und durch diese Worte wird der

Glaube immer wieder mitten in Ihrem Leben präsent sein, selbst wenn Sie mit Kirche schon lange nix mehr am Hut haben sollten.

Aber es gibt da noch viel mehr! Ob Sie es nun glauben oder nicht:

Kirche, Glaube und Religion sind immer um uns herum. Sie sind aus unserer Gegenwart gar nicht wegzudenken. Wir sind umgeben von Kreuzen, Kirchtürmen, Kerzen, Glockengeläut, Wohltätigkeitsorganisationen und -vereinen, Tagen wie St. Martin und Nikolaus, vielen kleinen Zeichen und Symbolen, die auf Gott hinweisen. Nur wir übersehen all dies halt sehr oft.

Daher will ich Sie einladen, mal genauer hinzuschauen. In diesem Kapitel finden Sie einige der Dinge, die mich immer wieder daran erinnern, dass „da oben" jemand ist, und dass es Menschen um mich herum gibt, die mit mir den Glauben an diesen Gott teilen.

Die Sonntagsruhe hat ihren Grund

Ein besonders deutliches Zeichen (das wirklich kaum zu übersehen ist), dass wir in einem christlichen Kulturkreis leben, ist der Sonntag. Für die meisten Arbeitnehmer ist dieser Wochentag frei, denn er ist mit einer gesetzlich geschützten Ruhe verbunden. Im Feiertagsgesetz steht: „Die Sonntage und die gesetzlich anerkannten Feiertage sind Tage der allgemeinen Arbeitsruhe" (FTG, §3,1).

Dass der Sonntag in dieser Form „geheiligt" wird, hat ursprünglich religiöse Gründe. Seit Jahrhunderten soll jegliche Arbeit auf ein Mindestmaß reduziert werden, um den Gottesdienstbesuch zu ermöglichen. Und diese Maßnahme geht zurück auf Kaiser Konstantin (306–337 n. Chr.), der die Sonntagsruhe einführte, auch um religionspolitisch das Christentum zu etablieren. Durch ihn gab es das erste Gesetz zur Sonntagsruhe, damit an diesem Tag die Auferstehung Jesu wertgeschätzt werde.

Übrigens: Auch die Bibel beschreibt schon im zweiten Kapitel des 1. Buch Mose einen Ruhetag nach getaner Arbeit: *„So wurden Himmel und Erde vollendet und ihr ganzes Gefüge. Am siebten Tag vollendete Gott das Werk, das er geschaffen hatte, und er ruhte am siebten Tag, nachdem er sein ganzes Werk vollbracht hatte. Und Gott segnete den siebten Tag und erklärte ihn für heilig; denn an ihm ruhte Gott, nachdem er das ganze Werk der Schöpfung vollendet hatte. Das ist die Entstehungsgeschichte von Himmel und Erde, als sie erschaffen wurden."*[8]

Wussten Sie, dass „das Werk" erst abgeschlossen war *nach* der Pause? Damit ist auch die Struktur des Lebens festgelegt, denn Gott weiß: Es ist wichtig zu ruhen, zu chillen und sich mal zu entspannen.

Wie unfassbar langweilig waren aber früher, als ich Kind war, die immer gleich ablaufenden Sonntage. Und ganz ehrlich: Ich langweile mich ziemlich schnell und oft, auch und gerade im Gottesdienst.

Das wusste wohl auch der Kölner Künstler Gerhard Richter, der das nach ihm benannte moderne Kirchenfenster im Südquerhaus des Kölner Doms gefertigt hat. Ich bin nämlich mal versehentlich im Dom in eine Messe in lateinischer Sprache geraten – das Richter-Fenster war da meine Rettung, um nicht permanent mit den Fingern auf die Kirchenbank zu trommeln. Denn dort sind auf einer Fensterfläche von 106 Quadratmetern 11.263 Farbquadrate in 72 Farben mit den Maßen 9,6 × 9,6 Zentimeter nach dem Zufallsprinzip angeordnet. Wenn Sie die Gelegenheit haben, setzen Sie sich da mal hin! Sie können dort Stunden (gut aber die Länge einer Predigt) überbrücken, indem Sie allein die roten Vierecke zählen.

Übrigens bin ich der Meinung, dass die gute alte Langeweile total unterschätzt wird. Wir lassen sie im Alltag kaum noch zu! Wir brauchen immer irgendwie eine Art von Unterhaltung, die Läden sollen auch an möglichst vielen Sonntagen geöffnet sein und der Gottesdienst muss – wenn man ihn überhaupt aufsucht – Eventcharakter haben. Alles, damit bloß nicht dieses manchmal schwer zu ertragende Gefühl der Langeweile überhandnimmt.

Oft aber entstehen durch gepflegte Langeweile die besten Ideen, neue Sichtweisen und kreative Schübe. (Wahrscheinlich ist da der Heilige Geist mit beteiligt, aber wer weiß das schon?) Denn die Seele wird ruhig beim Zählen von bunten Vierecken und ist bereiter sich zu öffnen als sonst. So kann ein schon oft gehörter Lesungstext im Gottesdienst auf einmal seine uralte Kraft entfalten und uns mitten ins Herz treffen. Das klappt wirklich: Gerade durch Traditionen und Rituale ist ein achtsameres wie einprägsameres Hinhören möglich.

Darum: Ich plädiere dafür, den Sonntag als langweiligen Ruhetag zu akzeptieren und zu heiligen. Die Rituale unseres Lebens und die Traditionen, die damit verbunden sind, als das zu akzeptieren, was sie sind: eine Möglichkeit, zu uns selbst und auch zu Gott zu finden.

Astrid Lindgren, die große Menschenkennerin und schwedische Schriftstellerin („Pippi Langstrumpf"), die es geschafft hat, ihr Kindsein bis ins hohe Alter zu leben, war übrigens ein ausgesprochener Fan der Langeweile. Was es braucht, um seelenruhig zu werden, hat sie in einem Zitat wunderbar beschrieben.

Und dann muss man ja
auch noch Zeit haben,
einfach dazusitzen und
vor sich hin zu schauen.

Astrid Lindgren

Die Aufforderung der Kirchenglocken

Wer im Umkreis einer Kirche lebt, hört mehrmals täglich mehr oder weniger laut die Glocken bimmeln. Seitens der katholischen Kirchen ertönt das sogenannte „Angelusläuten" dreimal am Tag: morgens, mittags und abends. Auch in den meisten evangelischen Kirchen findet sich eine Form des täglichen Geläuts.

Da ich quasi unter einem Kirchturm groß geworden bin, kann ich ein Liedchen davon singen, wie nervig vor allem das morgendliche Läuten zwischen sechs und sieben Uhr sein konnte, wenn ich mal nicht so früh rausmusste.

Tatsächlich strukturiert das Läuten seit Jahrhunderten für uns Menschen den Tagesablauf: Arbeitsbeginn, Mittagessen, Feierabend. Ursprünglich erklang das Läuten aber als Aufforderung zum Gebet und Innehalten – als Aufforderung zum Gedächtnis an die Auferstehung, das Kreuzesleiden und die Menschwerdung Christi. Diese ursprüngliche Funktion der Glocken finde ich wunderbar:

Sie wollen uns mal kurz aus dem Alltag läuten.

Sie halten uns dazu an, den Blick über den Tellerrand zu wagen.

Sie wollen uns helfen, das große Ganze nicht aus den Augen zu verlieren.

Dass es da noch etwas Wichtigeres gibt, das auf uns wartet. Dass wir nicht allein sind. Dass Jesus für uns Mensch geworden ist. Dass wir das ewige Leben haben werden.

Wer das glauben kann, hat es gut!

Lassen Sie sich doch mal darauf ein, beim nächsten Glockengeläut kurz innezuhalten, vielleicht den Blick nach oben zu wagen und auf das zu hören, was Ihr Herz in diesem Moment, wenn Sie durch die Glocke unterbrochen werden, bewegt.

> **Der Engel des Herrn**
> Vielerorts, vor allem im katholischen Rheinland, war es Brauch, den „Engel des Herrn", Worte aus dem Lukas- und Johannesevangelium mit je einem Ave Maria, zwischen den Schlagfolgen des Angelusläutens zu beten. Ein Gebet, das ein Glaubensbekenntnis ist. Ich kenne allerdings niemanden in meinem Bekanntenkreis, der jedes Mal, wenn die Glocken läuten, tatsächlich den „Engel des Herrn" betet (ich auch nicht).

Engel im Alltag

Mitten im Leben sind wir manchmal angerührt von Begegnungen. Vielleicht kennen Sie das Gefühl, Menschen zu treffen oder zu beobachten, die etwas Besonderes an sich haben. Manchmal lässt sich gar nicht so genau benennen, warum wir uns in ihrer Gegenwart so wohlfühlen oder warum wir das Gefühl haben, bei ihnen so sein zu können, wie wir wirklich sind.

Ich persönlich habe die Erfahrung gemacht, dass diese Menschen, die frei und unbeschwerter als andere durchs Leben gehen, die mit einer frohen Ausstrahlung und einem Grundoptimismus gesegnet sind, ja, die echte Lebensfreude ausstrahlen, oft Christen sind.

Als mein Mann und ich Silberhochzeit gefeiert haben, haben wir ein Lied gesungen, das auch schon bei unserer grünen Hochzeitsfeier erklang: „Die Gott lieben werden sein wie die Sonne, die aufgeht in ihrer Pracht." Das hört sich vielleicht ein bisschen pathetisch an, aber: Ich glaube, dass viele Menschen die Wahrheit, die Barmherzigkeit und die Freude, die uns Jesus vorgelebt hat, auch im Alltag ausstrahlen und so positiv auf ihre Umgebung wirken. Für sie ist das gelebter, selbstverständlicher Glaube.

Nun ist es ja heutzutage nicht besonders geläufig, jedem gleich von seinem Glauben oder Nichtglauben zu berichten. Wie wäre es da, wenn jeder für sich anfängt, über die Begegnungen, die man so hat, einmal nachzudenken? Ich jedenfalls stelle dabei oft fest, dass diejenigen, die einem das Leben schwer machen, wirklich gar nix mit Gott am Hut haben. Die stillen Helferinnen und Helfer aber ganz bestimmt! Nicht selten bezeichnen wir sie auch als „Engel".

Der deutsche Lyriker und Pädagoge Rudolf Otto Wiemer (1905–1998) hat das mal in einem Gedicht ganz wunderbar beschrieben. Ich bin mir sicher: Bestimmt haben Sie nach den folgenden Zeilen eine Person vor Augen, auf die die Beschreibung passt.

Die Engel

Es müssen nicht Männer mit Flügeln sein,
die Engel.
Sie gehen leise, sie müssen nicht schrein,
manchmal sind sie alt und hässlich und klein,
die Engel.
Sie haben kein Schwert, kein weißes Gewand,
die Engel.
Vielleicht ist einer, der gibt dir die Hand,
oder er wohnt neben dir, Wand an Wand,
der Engel.
Dem Hungernden hat er das Brot gebracht,
der Engel.
Dem Kranken hat er das Bett gemacht,
und er hört, wenn du ihn rufst, in der Nacht,
der Engel.

> Er steht im Weg und er sagt: Nein,
> der Engel,
> groß wie ein Pfahl und hart wie ein Stein —
> es müssen nicht Männer mit Flügeln sein,
> die Engel.
> *Rudolf Otto Wiemer*[9]

Es gibt sie tatsächlich, die Christen unter uns, die mehr oder weniger präsent ihren Glauben leben und uns damit alle ein Stück weit berühren. Das kann die Krankenschwester sein, die sich still mit ans Bett setzt, obwohl ihr Dienst schon zu Ende ist. Das kann der Taxifahrer sein, der auf die fehlenden fünf Euro verzichtet und einen trotzdem sicher nach Hause bringt.

Das kann die Kellnerin sein, die sich besonders liebevoll um den älteren Gast kümmert, der sich einfach nicht entscheiden kann, was er heute bestellen soll.

Wenn mir solche Situationen und Menschen auffallen und die Gelegenheit günstig ist, spreche ich die Leute auf ihr Verhalten an und frage gezielt nach ihrer Motivation. Ganz oft ist dann die Antwort: *„Ich bin so erzogen."* Wenn ich dann weiterfrage, sind die meisten religiös aufgewachsen, waren zwar schon ewig nicht mehr in der Kirche, aber leben die Werte ihrer Kindheit jeden Tag. Und dieser gelebte Glaube findet sich dann oft wie selbstverständlich in ihrem Alltag, man muss nur gut hinhören und -sehen.

Leider gelingt es einem nicht immer, andere von der Kraft, die im Glauben steckt, durch eine gute Tat zu überzeugen. Schließlich muss auch die Bereitschaft, sich darauf einzulassen, wenigstens in Ansätzen beim Gegenüber vorhanden sein. So bin ich mal grandios gegen die Wand gerannt, als ich jemanden, der in großer seelischer Not war, einen kleinen Schutzengel als Handschmeichler schenkte. Derjenige konnte mit dem Symbol so gar nichts anfangen und hat mir die kleine bronzene Figur sofort wieder zurückgegeben.

Das fand ich natürlich ziemlich entmutigend; wahrscheinlich war meine Aktion zu übergriffig. Aber ich habe noch niemanden erlebt (selbst diese Person nicht), der nicht berührt davon war und ist, wenn er weiß: Jemand denkt an mich in der Not, hat mich in seine Gebete eingeschlossen oder aufgrund meiner Krankheit oder meines Kummers eine Kerze für mich angezündet.

> Vergesst die Gastfreundschaft nicht;
> denn durch diese haben einige,
> ohne es zu wissen,
> Engel beherbergt.[10]
> Die Bibel

Kirmes und Brauchtum rund um die Kirche

Für uns Kinder war Kirmes immer ein Fest: Karussell fahren, Lose an der Bude ziehen und der Autoscooter, zu dem ich ja, wie Sie jetzt wissen, eine besondere Verbindung habe.

In vielen Gegenden gehört der jährlich stattfindende Jahrmarkt beziehungsweise die Kirmes zum Brauchtum einfach dazu. Ursprünglich leitet sich die Kurzform „Kirmes" von „Kirchmesse" ab, die anlässlich des Gedenkens an den ersten Gottesdienst in der neu erbauten Kirche einer Gemeinde gehalten wird (Kirchweihe). Vielerorts wurde das bunte Treiben des Jahrmarkts aber dann von dem Fest der Kirchweihe abgekoppelt, sodass die Kirmes heute beispielsweise Teil des örtlichen Schützenfestes ist.

Bei einem Besuch in der Eifel habe ich einmal eine besondere Tradition rund um Kirche, Kirmes und Brauchtum kennengelernt: Der Ort Wollseifen wurde nach dem Zweiten Weltkrieg enteignet und zur Militärsperrzone erklärt. Die Bewohner mussten in ganz kurzer Zeit ihre Häuser und Höfe räumen. Heute stehen dort nur noch einige Militäranlagen, die alte Kirche und das Schulgebäude. Etwas weiter bergab gibt es außerdem noch das „Kapellchen". Der Zeitzeuge Fritz Sistig erinnert auf einer Tafel: „... zur Kirmeszeit rückte das Kapellchen in den Mittelpunkt: Anlässlich der Kirmes an ‚Peter und Paul' (dem Fest des Apostel Petrus und Paulus) am 29. Juni wurde neben dem Kapellchen mit viel Trara und Musik der Kirmesknochen ausgegraben."

Kirmesknochen? Hab ich noch nie gehört. Dieser traditionelle Brauch zur Eröffnung der Kirmes wird seit Beginn des 19. Jahrhunderts vielerorts in der Eifel gepflegt. Ursprünglich handelte es sich bei dem Kirmesknochen um einen Pferdeschädel, der die Freiheit des früheren heidnischen Lebens symbolisierte. Heute benutzt man auch einen Pferdekinnbacken oder einen Kuhschädel. Dieser Knochen – oft im Tanzsaal mit einer Krone aufgehängt – kündigte an, dass jetzt Tage voller Ausgelassenheit und Lust anbrechen sollten. Eine willkommene Sache für die Eifeler. Denn die Kirmes war eine der wenigen Möglichkeiten, der Anstrengung des bäuerlichen Lebens und den einschränkenden Moralvorstellungen der Kirche zu entfliehen.

Witzig, wenn man sich Bilder aus der Region dazu im Internet ansieht. Jung und Alt pflegen diese Tradition, die Kirche und Leben unmittelbar miteinander verbindet, bis heute.

Für Glaube – Sitte – Heimat

Schützenbruderschaften entstanden bereits im späten Mittelalter aus Gruppen von Bürgern, die sich selbst verteidigen wollten. Sie hatten eine starke Bindung zur Kirche, sodass sie sich selbstverständlich für den Schutz von kirchlichen Feiern und Prozessionen einsetzten und karitative Aufgaben übernahmen. Durch diese Schwerpunkte: wehrhafter Schutz, verbunden mit Disziplin, Nächstenliebe und Gebet entwickelte sich das eigentliche Wesen der Schützenbruderschaften, aus dem heraus die bis heute geltende Parole „Für Glaube, Sitte und Heimat" entstand. Später wurden aus den wehrhaften Bruderschaften dann Vereine um der Tradition willen. Bei vielen ist der christliche Glaube Bedingung. Im Laufe der Zeit suchten sich viele Schützen einen Heiligen als Namenspatron für ihre Vereinigung aus. Die meisten wählten den heiligen St. Sebastianus, den Namen des römischen Soldaten und Märtyrers, der Not leidenden Christen half und sich mehrfach zum christlichen Glauben bekannte, ehe Kaiser Diokletian den Offizier seiner Leibwache nach einer gescheiterten Hinrichtung erneut dafür töten ließ.

Wie sehr die Tradition der Schützenfeste gepflegt wird, musste ich feststellen, als ein Bekannter aus dem Sauerland die Einladung für ein großes Fest bekam und dann feststellte: „Da kann ich nicht, da ist Schützenfest bei uns". Und es nickten alle anwesenden Sauerländer wissend mit dem Kopf und dann hörte ich einen sagen: „Nee, da kann er wirklich nicht. Wenn da Schützenfest ist."

Gemeinschaft im Zeichen des Fisches

Wussten Sie, dass sich recht oft mitten auf der Straße sowas wie ein christliches Geheimsymbol findet? – Der Fisch als Aufkleber auf dem Heck vieler Autos.

Ein stilisierter Fisch aus zwei Bogen war in den Anfängen der Christenheit das Erkennungssymbol der Menschen, die an Jesus glaubten und die sich vor den Römern versteckt halten mussten.

Aber warum ausgerechnet ein Fisch?

Auf Griechisch heißt Fisch ICHTHYS. Mit griechischen Buchstaben wurde das so geschrieben: ΙΧΘΥΣ. Für Christen enthielt dieses Wort ein Akrostichon, denn jeder der fünf griechischen Buchstaben stand für ein Wort, das etwas mit Jesus Christus zu tun hatte. Kurz gesagt ergeben die fünf Worte ein Glaubensbekenntnis: Jesus Christus, Gottes Sohn und Erlöser. Damit war der Fisch ein geheimes Erkennungszeichen unter Christen.

Heute ist das Kreuz das Symbol, das wohl jeder mit dem christlichen Glauben verbindet. Doch das Fischsymbol ist weiter präsent und beliebt, zum Beispiel als Autoaufkleber oder als schmückendes Element auf Kerzen oder Karten.

In Attendorn im Sauerland tritt das Erkennungssymbol der Christen allerdings jedes Jahr ganz prominent in Erscheinung. Dort findet jährlich am Karsamstag um 14 Uhr auf dem Kirchplatz die sogenannte „Semmelsegnung" statt. Osterbrote, deren Teig mit Kümmel durchsetzt ist, sind vorne und hinten eingekerbt, sodass sie an die Schwanzflosse eines Fisches erinnern, und werden feierlich von Tausenden in die Luft gereckt und zum Ende der Fastenzeit vom Pfarrer gesegnet. Echte Volksfrömmigkeit, die anrührt und seltsam aus der Zeit gefallen wirkt, sich aber wohl gerade deshalb immer größer werdender Beliebtheit erfreut. Viele Menschen wollen teilhaben an dem Gemeinschaftsgefühl, der Tradition und der Vertrautheit des uralten Rituals und sich einstimmen auf das Osterfest. Denn die mit Kümmel durchsetzte Semmel soll helfen, nach der 40-tägigen Fastenzeit das üppige Ostermahl zu verdauen.

Kreuze,
die für Überzeugungen stehen

Wenn ich bei den sichtbaren Zeichen im Alltag bleibe, fällt mir spontan noch viel mehr ein, das zeigt, wie umgeben wir von Glaubenszeichen sind.

Das Andreaskreuz beispielsweise begegnet uns vor allem an Bahnübergängen. Es weist darauf hin, dass dem Schienenverkehr Vorrang zu gewähren ist. Das Kreuz in X-Form ist auch als Schmuckform an Fachwerkhäusern zu sehen sowie auf Bannern und Fahnen wie beispielsweise der schottischen Flagge. Nicht zuletzt warnt es auch als Gefahrensymbol vor reizenden und gesundheitsschädlichen Chemikalien und dient als Markierung für Wanderwege.

Seinen Namen hat das Kreuz in X-Form vom Apostel Andreas, der an einem solchen Schrägkreuz seines Glaubens wegen hingerichtet wurde. Andreas gehörte zu den Jüngern, die Jesus nachfolgten, und führte während seines Lebens viele Menschen zum christlichen Glauben. Darunter auch Prominente der damaligen Zeit. Allerdings war der Statthalter von Patras alles andere als entzückt, als seine Frau und sein Bruder sich zum Christentum bekannten. Und so wurde Andreas gekreuzigt. Andreas jedoch predigte vom Schrägkreuz noch ganze zwei Tage, bevor er schließlich starb.

Haben Sie beim Warten vor dem Bahnübergang schon einmal diese Geschichte vor Augen gehabt? Dass ein

Mensch an einem solchen Kreuz starb, weil er bereit war, für seinen Glauben einzustehen – bis zum Tod? Die Faszination, die von Menschen ausgeht, die unter keinen Umständen ablassen von ihrem Glauben an Christus, finde ich bemerkenswert. Ich wünsche mir dann oft den Mut, auch so konsequent für meine Werte und Überzeugungen einzustehen. Wie ist das bei Ihnen?

Übrigens: Im Andreaskreuz enthalten ist auch der griechische Buchstabe *Chi* (*X*), der als Symbol für Christus steht.

Kreuze, die in der Landschaft stehen

Flurkreuze, Gipfelkreuze, Sühnekreuze, Gedenkkreuze – Kreuze begegnen uns quasi ständig, gerade in katholisch geprägten Landstrichen. Sie stehen an Weggabelungen, am Feldrand oder kennzeichnen alte Pilgerwege. Aufgestellt wurden Flur- und Wegkreuze oder Bildstöcke und Heiligenhäuschen, damit die Menschen früher– auf dem Weg zur Arbeit etwa – anhalten konnten, um sich zu bekreuzigen und ein Gebet zu sprechen. So blieb der Glaube lebendig und präsent.

Sühnekreuze, die errichtet wurden, nachdem ein Mensch zu Tode gebracht wurde, stehen als Symbol für die Wiedergutmachung, da das Opfer verstarb, ohne zuvor die Sterbesakramente empfangen zu können.

Schlicht gehaltene Gedenkkreuze mit Namen versehen, die an Landstraßen, in engen Kurven oder an Kreuzungen stehen, wollen erinnern, dass hier ein geliebter Mensch bei einem Unfall ums Leben gekommen ist. Oder dass ein Mensch Opfer eines Verbrechens wurde. Ein Brauch, der weit verbreitet ist. Gleichzeitig warnen diese Kreuze aber auch vor der gefährlichen Stelle im Straßenverkehr und wecken die Hoffnung auf ein Wiedersehen.

Letzten Endes hat jedes Kreuz mehrere Bedeutungen. Es steht für den Tod wie für das Leben. Auf Karfreitag folgt Ostern, auf das Ende die Auferstehung. Das ist das Besondere.

Sind Ihnen auch Immunitätskreuze bekannt? Sie kennzeichneten damals die Bannmeile zwischen Staat und Kirche. Wer es hinter das Kreuz schaffte, konnte vom Staat nicht mehr gegriffen werden. Das kennen wir heute noch als Kirchenasyl. In meiner Heimatstadt Kamp-Lintfort gibt es oben auf Kloster Kamp noch ein solches Immunitätskreuz. In meiner Kindheit wurde dort einmal ein Schimanski-Tatort gedreht und das Kreuz wurde während der Dreharbeiten beim Rückwärtsfahren umgenietet. Seitdem ist die Stelle durch ein Ersatzkreuz gekennzeichnet.

Woran denken Sie, wenn Sie unterwegs an einem Kreuz vorbeikommen? Warum nicht einmal kurz anhalten, Danke sagen, eine Bitte loswerden oder um Trost für die Hinterbliebenen bitten? Kreuze unterbrechen sicher einen Moment lang unsere To-dos; sie richten aber auch den Blick vom Boden in den Himmel. Das schenkt neue Perspektiven.

Ein Kreuz steht für den Tod wie für das Leben.

Symbolische Pflanzen, um die Legenden ranken

Dass Alltag und Christentum verwoben sind, wird auch an Pflanzennamen deutlich. Beispielsweise wird das Aussehen unterschiedlicher Pflanzen mit christlichen Begriffen in Verbindung gebracht, wie bei der Passionsblume, deren Blüte als Sinnbild für die Passion Christi gilt. Die drei Griffel werden mit den drei Nägeln verknüpft, mit denen Jesus gekreuzigt worden ist. Die fünf Staubbeutel sollen die fünf Wundmale darstellen, der Fruchtknoten gilt als Sinnbild für den Kelch des letzten Abendmahls und der Strahlenkranz als Dornenkrone. Zehn Blütenblätter für die Apostel, die bei der Kreuzigung anwesend waren, und auf der Rückseite die drei Deckblätter, die für die Dreifaltigkeit stehen.

Aber auch andere Pflanzennamen kommen aus der engen Verbindung zur christlichen Kultur wie Engelstrompete, Gottesgnadenkraut und Paradiesapfel.

Es gibt auch Blumen, die bei Festen des Kirchenjahrs erblühen wie die Osterglocke, Pfingstrose oder zu Weihnachten meine Lieblingsblume, die Christrose.

Manchmal wurden Pflanzen auch nach Ereignissen im Leben Heiliger benannt wie die Jakobsleiter, die benannt ist nach der Himmelsleiter, die Jakob während der Flucht vor Esau im Traum erscheint, oder nach Ordensgemeinschaften wie die Kartäusernelke.

Um es gleich mal vorweg zu sagen: Die meisten Schnittblumen werden mit der Jungfrau Maria in Verbindung gebracht, die ja bei katholischen Christen eine weitaus höhere Bedeutung hat als bei Protestanten: Rose, Lilie, Akelei, Nelke, selbst das Gänseblümchen. Alles Blumen, die für die Muttergottes stehen.

Wobei ich das mit dem Gänseblümchen wirklich schön finde. Ich kann an keiner Wiese vorbeigehen, ohne daran zu denken, dass das zarte Blümchen einer Legende nach aus Marias Tränen auf der Flucht nach Ägypten entstand. Das Gänseblümchen steht für Bescheidenheit und Reinheit. Typisch Maria halt.

Andrea Schwarz hat dazu ein Gedicht geschrieben, ich weiß nicht, ob sie in der Strophe auch an die Muttergottes dachte, aber ich finde, es passt perfekt:

„Gänseblümchenmenschen
das ist eine besondere Gattung
die haben ihre eigene Philosophie
leben ihr Gänseblümchenleben
unaufdringlich
unscheinbar
und revolutionär
in ihrer Zärtlichkeit."[11]

Es gibt aber auch ein paar tolle Blumen, die für die Auferstehung stehen. Einfach weil es so unvorstellbar ist, dass sie tatsächlich einmal erblühen werden. Bei Narzissen ist das so. Wenn ich die im Frühjahr im Bund kaufe, sehen sie fast immer halb tot aus. Dann ist noch keine Spur vom lebensfrohen Gelb an den voll verschlossenen Knospen zu erkennen. Aber nach wenigen Stunden in der Vase entfalten die „Osterglocken" ihre ganze Kraft und zeigen: die waren nur scheinbar tot. Wer die Pflanze im Garten hat, staunt sicher jedes Jahr, dass sie doch wieder kommt. Und besonders eindrücklich ist das Mitte März, Anfang April in der Eifel zu sehen. Die wild wachsende „Gelbe Narzisse" reckt sich dann millionenfach der Sonne entgegen. Ein toller Anblick, wenn sich die Wiesen des Naturparks Nordeifel in leuchtend gelbe Blütenteppiche verwandeln. Die wilden Narzissen sind ein wenig kleiner als die Osterglocke aus dem Garten und wer einmal vor Ort war, wird den Anblick nicht so schnell vergessen.

Eine meiner Lieblingsblumen ist die Christrose. Wir schmücken unseren Weihnachtsbaum seit Jahren mit ihr, denn die Blume blüht ja bekanntlich, wenn der Winter mild ist, um die Weihnachtszeit. Auch zu ihr gibt es eine schöne Legende: Einer der Hirtenjungen weinte vor Kummer, weil er dem neugeborenen Jesuskind kein Geschenk mitbringen konnte. Seine Tränen tropften zu Boden und wunderschöne weiße Blüten wuchsen sofort an der Stelle. Natürlich nahm er die Blumen dann als Geschenk zur Krippe mit. Ich persönlich verbinde damit auch immer das schöne Weihnachtslied „Es ist ein Ros entsprungen", das der Legende nach der Trierer Mönch Laurentius ja auch geschrieben haben soll, nachdem er bei einem Spaziergang im Schnee eben diese Blume erblickt und an eine Ankündigung der Geburt Jesu durch den Propheten Jesaja gedacht hatte.

Und weitere Vertreter aus der Bibel finden sich als Namensgeber für Pflanzen: Johannes der Täufer ist der Namensgeber des Johanniskrauts. In alten Zeiten glaubte man, das Kraut würde nicht nur vor Hexen und Geistern schützen, sondern den Teufel persönlich verjagen. Der soll die Blätter vor Zorn zerstochen haben. Daher kommt der lateinische Name „Hypericum perforatum". Die Blätter sehen tatsächlich durchlöchert aus, wenn man sie gegen das Licht hält. Als dann später Johannes der Täufer seinen Märtyrertod starb, soll einer Legende nach an der Stelle, an der sein Kopf nach der Enthauptung zu Boden fiel, das Kraut gewachsen sein. Seitdem blutet auch das Johanneskraut, wenn man die Blütenköpfe fest zusammendrückt.

Und der eher unter dem Namen Schneeglöckchen bekannte Frühjahrsblüher wird im westfälischen Raum auch Josephsblume genannt. Das liegt am Namenstag des Heiligen, der am 19. März gefeiert wird, wenn dann die weißen Blüten aus dem winterharten Boden sprießen.

Eisheilige

Gartenfreunde kennen das Phänomen: die Eisheiligen. Gemeint sind mehrere Gedenktage an Heilige zwischen dem 11. und 15. Mai. Marmertus, Pankratius, Servatius, Bonifatius, Sophia sind die Heiligen, deren Namenstag dort gefeiert wird. Die Tage stehen außerdem nach einer alten Bauernregel für eine Kälteperiode mitten im Mai. Bevor nämlich die „kalte Sophie" nicht vorbei ist, wird nichts Empfindliches nach draußen gepflanzt, weil immer noch Nachtfrost droht.

Bekannte Sprichwörter aus der Bibel

Ob wir es nun glauben oder nicht: Ein großer Teil unserer Sprache hat mit dem Glauben zu tun. Er ist ein fester Bestandteil unserer Sprache. Das fängt allein schon beim geläufigen „Gott sei Dank!" an.

In meiner Heimatstadt Kamp-Lintfort thront über der Stadt die Abtei Kloster Kamp.

Das ist das älteste Zisterzienserkloster in Deutschland und bekannt für seinen wunderschönen Terrassengarten. Jeder am Niederrhein kennt außerdem den Ausdruck: „Pass auf, sonst gibt es den Segen von Kloster Kamp!"

Gesegnet zu werden oder zu sein ist überall sonst in Deutschland positiv besetzt, aber hier in dieser Region sollte man sich in Acht nehmen, wenn diese Worte fallen. Denn es droht ein riesiges Donnerwetter!

Woher diese Redensart stammt, ist nicht eindeutig geklärt, aber eine mögliche Antwort ist in den Archiven des Klosters zu finden. „Der Segen von Kloster Kamp" kommt von der Abmahnung, die die Pächter erhielten, wenn sie den Pachtzins schuldig blieben. So berichtet M. Dicks in „Die Abtei Camp am Niederrhein", dass Papst Nikolaus IV. (1288–1292) auf Bitten von Abt Giselbert (1272–1298) anordnete, die säumigen Zahler notfalls durch kirchliche Strafen zur Zahlung zu zwingen![12] Und die Mönche sollen damals nicht zimperlich gewesen sein.

Wir Kinder wussten jedenfalls sofort, was die Stunde geschlagen hatte, wenn der Segen von Kloster Kamp ins Spiel gebracht wurde!

In unserer Alltagssprache wird oft deutlich, wie geprägt unser Leben vom Christentum ist. Worte aus der Bibel, die zwar fast jeder zu Hause hat, die aber eher selten zur Hand genommen wird, tauchen immer wieder ganz selbstverständlich auf.

Es gibt zahlreiche Beispiele wie die folgenden hier, die Sie wahrscheinlich auch sofort der Bibel zuordnen werden:

- Wer anderen eine Grube gräbt, fällt selbst hinein. (Sprüche 26,27)
- Den Seinen gibt's der Herr im Schlaf. (Psalm 127,2)
- Hochmut kommt vor dem Fall. (Sprüche 16,18)
- Alle Wasser laufen ins Meer. (Prediger 1,7)
- Wer Wind sät, wird Sturm ernten. (Hosea 8,7)
- Der Mensch denkt und Gott lenkt! (Sprüche 16,9)
- Auge um Auge, Zahn um Zahn. (2. Mose 21,24)

Bei denen hier wird der Bezug zur Bibel schon ein bisschen schwieriger und teilweise überrascht er:

- Etwas ausposaunen (Matthäus 6,2)
- Ein Dorn im Auge (3. Mose 33,55)
- Im Dunkeln tappen (5. Mose 28,29)
- Der wahre Jakob (1. Mose 27,36)
- Mit Füßen treten (1. Samuel 2,29)
- Auf Herz und Nieren prüfen (Psalm 7,10)

- Die Hände in Unschuld waschen (Psalm 26,6)
- Gift und Galle (5. Mose 32,33)
- Auf keinen grünen Zweig kommen (Hiob 15,32)
- Jugendsünden (Psalm 25,7)
- Alles hat seine Zeit (Prediger 3,1)
- Brief und Siegel (Jeremia 32,44)
- Wolf im Schafspelz (Matthäus 7,15)
- Ein Herz und eine Seele sein (Apostelgeschichte 4,32)
- Die Haare zu Berge stehen (Hiob 4,15)
- Bis hierher und nicht weiter (Hiob 38,11)

Und bei manchen ist zunächst nicht klar, woher die ursprüngliche Bedeutung kommt, hier ein paar eindrückliche Beispiele:

„Das ist ja ein Tohuwabohu!" Das Wort „Tohu wa bohu" heißt auf Hebräisch „wüst und leer". So sah die Erde nach der ersten Schöpfungserzählung anfangs aus! (1.Mose 1,2)

„Ihr sucht wohl einen Sündenbock!" Im dritten Buch Mose wird beschrieben, dass am Versöhnungstag zwei Böcke eingesetzt wurden, um die Schuld des Volkes im letzten Jahr zu tilgen. Der eine Bock wurde als Sühneopfer geschlachtet und dem anderen werden die Sünden per Handauflegung aufgeladen. Anschließend wurde das arme Tier direkt in die Wüste geschickt und zum Teufel gejagt.

„Jemandem die Leviten lesen." Kindern, die nicht artig sind, liest man die Leviten – ihnen wird eine Strafe quasi gepredigt. Im Mittelalter wurde als Strafpredigt oft das 3. Buch Mose herangezogen, die Verhaltensregeln der Leviten, ein kompliziertes und umfangreiches Regelwerk, das das Miteinander, den Gottesdienst und vieles Weiteres betrifft.

„Von Pontius zu Pilatus gehen." Bedeutet, dass man sich Wege oder Mühe völlig umsonst gemacht hat. Genau wie Jesus, der während seines Prozesses von Pontius Pilatus wieder zurück zu Herodes geschickt wird. Der ihn dann aber auf der Stelle wieder zu Pilatus zurückschickte (Lukas 23).

„Das ist so sicher wie das Amen in der Kirche." Eine andere Art und Weise, mit der man sagen kann: Darauf kannst du dich verlassen, denn einen Gottesdienst ohne Amen, den gibt es einfach nicht.

„Du redest wie ein Pharisäer!" Damit sind die besonders frommen Pharisäer gemeint, die sich immer über die anderen stellten und durch ihre heuchlerischen Reden in die Kritik geraten sind.

In Norddeutschland bekommt man, wenn man einen Pharisäer bestellt, einen Kaffee mit einer dicken Sahnehaube. Unter der versteckten die Bauern während einer Taufe in der Fastenzeit einen ordentlichen Schuss Rum. Zu riechen war der Alkohol also nicht. Aber der strenge Pfarrer war doch verwundert über die immer fröhlicher werdende Festgesellschaft und versuchte auch einen Schluck des Getränks. Mit den Worten „Ihr Pharisäer!" wurden die

Bauern überführt und der Name des nordfriesischen Nationalgetränks war geboren.

Mein Lieblingssprichwort ist leider ein Übersetzungsfehler, wie er schon mal in der Bibel vorkommt: *„Es ist leichter, dass ein Kamel durch ein Nadelöhr gehe, als dass ein Reicher ins Reich Gottes komme."*[13] Oder wie ich es meist sage: „Da geht echt eher ein Kamel durch ein Nadelöhr …", wenn ich ausdrücken möchte, dass eine Situation unlösbar scheint.

Im Urtext der Bibel stand aber wohl etwas anderes. Dort ist von „gamta", einem Tau oder Seil, die Rede. Und sieht dem Wort „gamla" für Kamel ziemlich ähnlich. Der Übersetzter hat sich ganz bestimmt wie ich an dem eindrücklichen Kamelwort gefreut. Einfach weil es so absurd ist. Denn richtig müsste es heißen: Es ist leichter, dass ein Schiffstau durch ein Nadelöhr geht, als dass ein Reicher ins Reich Gottes komme. Aber mal ganz ehrlich: Die bildliche Vorstellung mit dem Riesenhöckertier ist doch viel schöner!

Offene Kirchen

Unsere Familie fährt schon seit Jahren immer wieder auf die kleine Nordseeinsel Pellworm.

Dort gibt es nicht viel zu sehen und zu besichtigen, aber die Alte Kirche St. Salvator aus dem 12. Jahrhundert ist die wohl bedeutendste Sehenswürdigkeit auf der nordfriesischen Insel. Wenn dann die Nachbarinseln besucht werden, ist für viele Touristen klar: die Kirchen müssen gesehen werden.

In anderen Ländern zahlt man unter Umständen eine Menge Geld, um in den Innenraum zu gelangen. Die Kathedrale der Heiligen Maria (La Seu) in Palma auf Mallorca ist ein bekanntes Beispiel dafür oder St Paul's Cathedral in London.

Vermutlich können auch Sie sich an Ihre Besuche kirchlicher Sehenswürdigkeiten auf Urlaubsreisen erinnern und wie die Emotionen sich durch das Licht, den Geruch, die Architektur veränderten. Die allermeisten zünden vor Ort gerne eine Kerze an, denn in entspannter Urlaubsstimmung mit Zeit und Ruhe in einem alten Gotteshaus für einen Moment ins eigene Leben zu horchen, das macht Glaube ein Stück einfacher und erfahrbarer.

Doch wie heißt es so schön: Warum in die Ferne schweifen, wenn das Gute liegt so nah? Vielerorts gibt es Stadt- und Citykirchen oder das Angebot der „Offenen Kirche", das man mitten im Alltag nutzen kann: Kirchen, die geöffnet haben und Gelegenheit bieten für das Anzünden einer Kerze, einen Eintrag ins Fürbittenbuch, um sich etwas von der Seele zu schreiben oder einen Psalmvers auf einem ausgelegten Kärtchen zu lesen. Mancherorts findet sich auch ein Seelsorger für ein Gespräch.

Ganz unaufdringlich und mitten im Leben öffnen die offenen Kirchen so einen Raum, in dem Menschen für sich selbst den christlichen Glauben neu oder wieder entdecken können.

Lichterbogen im Fenster

In der Adventszeit erstrahlen jedes Jahr überall Lichter. Manch einer stellt auch den sogenannten „Schwibbogen" ins Fenster, einen hölzernen Bogen mit einer ausgesägten Abbildung und Lichtern oben drauf. Entweder wurde er teuer als Original im Erzgebirge erworben oder im Discounter als dekoratives Schnäppchen gekauft.

Oft zeigt der aus Holz gefertigte Bogen ein Krippenmotiv oder eine Darstellung aus der Welt der Bergleute. Das kommt nicht von ungefähr, denn für Menschen im Erzgebirge symbolisierte der Bogen einen Stolleneingang, durch den die Bergleute ins Bergwerk zogen.

Der Lichterkranz, der den Bogen umgibt, ist ein Ausdruck für die Sehnsucht der Bergleute nach Licht. Sie bekamen ja das Tageslicht kaum zu sehen. Vor allem nicht in den Wintermonaten, als sie frühmorgens, wenn es noch dunkel war, in den Stollen des Bergwerks gingen, und erst abends in der Dunkelheit wieder hinauskamen.

Eine Geschichte erzählt, dass Bergleute im 17. Jahrhundert am Heiligabend nach der Schicht ihre Grubenlampen rund um das Stollenmundloch gehängt haben. Diese leuchteten in der dunklen Nacht und von der Ferne sah es aus, als ob ein Bogen glühte.

Die ersten Schwibbogen, die es je gab, sollen aber Sonne, Mond und Sterne in Form eines „Himmelsbogens" dargestellt haben. Nur haben sich die erzgebirgischen Motive im Lauf der Jahre stärker durchgesetzt. Mittlerweile gibt es allerdings immer mehr Motive, die diese Symbolik wie auch die christlichen Darstellungen in den Hintergrund rücken.

Hoffnung auf das ewige Leben

Mitten im Leben treffen uns meist völlig unvermittelt Leid und Tod, Krankheit und Not. Gerade war noch alles gut, da trifft Freunde, Nachbarn oder einen selbst ein schlimmer Schicksalsschlag. Von einer auf die andere Minute ist alles anders. Es scheint keinen Trost und keine Hoffnung zu geben, nur noch Trauer und Wut. Ich habe solche Momente des Öfteren erlebt und möchte Ihnen davon erzählen, was diese mit mir gemacht haben:

Spuren für die Ewigkeit

Die kleine B. starb eines Tages innerhalb weniger Stunden an einer Infektion. Nichts und niemand konnte sie retten und nichts und niemand konnte die Eltern trösten in ihrer Trauer.

Den Schmerz mit den Eltern aushalten, da sein, gemeinsam still werden und zusammen weinen, all das konnte ich in den ersten Stunden der tiefen Verstörung. Aber irgendwann wurden die Fragen zu groß und die Verzweiflung zu übermächtig. Bei den Eltern wie auch bei mir.

„Darf ich einen Pfarrer anrufen?", fragte ich zu dieser Zeit.

Ich durfte.

Der Geistliche kam sofort vorbei. Er verstand auch nicht, warum es Gott gefallen hatte, ein nicht mal zwei

Jahre altes Mädchen sterben zu lassen. Er hat gar nicht versucht, dafür eine Erklärung zu finden. Er hat es auch einfach nicht verstanden. Aber er hat zugehört und in den vielen Beschreibungen, die die Eltern für ihr Kind fanden, seine Erkenntnis staunend offenbart:

„Jedes Leben, und sei es noch so kurz, hinterlässt Spuren für die Ewigkeit."

Sein ehrliches Mitleid, sein Gebet für die kleine B. und für ihre Eltern haben uns allen damals sehr geholfen zu akzeptieren, was wohl geschehen musste.

Unser aller Leben liegt in Gottes Hand. Und ja, es ist oft ungerecht, manchmal kaum auszuhalten. Vor allem muss es den Schmerz und Verlust mit einschließen. Doch als Christen dürfen wir uns auf ein Wiedersehen freuen, auf das ewige Leben bei Gott. Es ist von außen betrachtet schwer vorstellbar, aber wer daran glauben kann, wird sicher leichter, besser gesagt hoffnungsfroher mit dem Leid umgehen können. Aber leicht wird das trotzdem nicht.

Trostvoll Abschied nehmen

Nach einer eigentlich gelungenen Knochenmarktransplantation starb ganz plötzlich An., die beste Freundin unserer Tochter im Teenageralter. Nur ein paar Tage später hätte sie es wohl geschafft gehabt, dann hätte es geheißen: „Ab heute bist du gesund!" Doch sie bekam hohes Fieber und ihre

Lymphknoten schwollen erneut an. Ich war zufällig gerade dort im Krankenhaus zu Besuch, als der dramatische Befund kam: „Die Leukämie ist zurück. Es gibt keine Rettung mehr."

An. hatte nur noch ein paar Tage Zeit zu leben. Zeit, die zu wenig war für ihre Familie. Und Zeit, die zu wenig war für ein Mädchen, das mit zwölf Jahren nun den Tod vor sich hatte.

Im Schulgottesdienst hatten noch alle dafür gebetet, dass die Transplantation gelingen möge, doch nun wurde als Nächstes eine Beerdigung für sie organisiert.

Die Eltern waren so wütend und voller Trauer, dass sie am liebsten eine Beerdigung in aller Stille wollten. „Bloß keine Beileidsbekundungen am Grab, bloß kein Pfarrer mit hohlen Phrasen und bloß keine geschmacklosen Blumenkränze", hieß es.

Mir tat das Herz weh, als ich an den bedrückenden Charakter solch einer Beerdigung dachte, wie sie den Eltern vorschwebte. So ganz ohne Halt, ohne Trost, einsam und allein.

Doch ganz langsam und durch viele Gespräche begann in ihnen die Bereitschaft zu wachsen, sich doch anzuvertrauen: den bewährten Ritualen eines bewussten Abschiednehmens, der Gestaltung einer Feier, der Würdigung ihres besonderen Lebens mit möglichst vielen Menschen und dem Trost der Gebete, Lieder und biblischen Texte.

Was sollte denn noch schlimmer sein, als sein Kind zu verlieren? Ich war froh und dankbar, dass sich die Familie zu diesem Schritt entschlossen hat. Und sie war es am Ende auch. Es war für alle ein würdevolles und tröstliches Abschiednehmen von einem geliebten Menschen.

In solchen Momenten spüre ich, wie Gott sagen will: „Schenkt mir Vertrauen, ich meine es gut mit euch." Denn ich glaube, dass Gott uns in solchen Situationen nicht allein und im Stich lässt. Immer wieder, auf vielen Beerdigungen von Freunden, Nachbar, nahestehenden Menschen, habe ich erfahren, wie gute Glaubensworte voller Zuversicht, Trost und Kraft den Hinterbliebenen Hoffnung schenkten. Da habe ich beispielsweise aus dem bekannten Kinderbuch „Weißt du eigentlich, wie lieb ich dich hab?" gelesen oder ich habe Bonhoeffers Zeilen gesungen „Von guten Mächten wunderbar geborgen" oder von Rolf Zuckowski „Es geht nicht, dass ich bleib, mich ruft mein Stern!" Manchmal habe ich auch Fürbitten sehr persönlich formuliert und gelesen.

Jedes Mal wurde ich anschließend gefragt, wie ich das könne. Leicht fiel mir das nicht. Aber: Mir hat mein Glaube geholfen.

Ich habe jedes Mal Kraft bekommen, das Leid anderer auszuhalten. Aber wie, fragen Sie sich vielleicht?

Ich hab viel gebetet in der Zeit, gerade in der Zeit nach dem Tod von B. und An. Ich musste so richtig in den Dialog gehen mit Gott, um nicht das große Ganze infrage zu stellen. Das klang dann so:

„Leid gehört dazu! Hab ich verstanden!

Gib mir die Kraft, es zu lindern! Lass mich nicht allein mit der unvorstellbaren Trauer der Eltern. Gib mir den Mut, auch morgen und übermorgen und überübermorgen wieder an ihrer Seite zu sein.

Die Vorstellung all die Tränen zu sehen und zu erdulden Tag für Tag ist unerträglich.

Aber einer muss da sein! Gib mir die Kraft dazu!"

Die Eltern von B. und An. konnten sich im Zeichen des Verlustes zunächst gar nicht auf Gott einlassen. Sie hatten so überhaupt keine Vorstellung von einem Aufgefangensein. Ihre Situationen schienen aussichtslos, trostlos und nicht auszuhalten. Aber ich konnte – ohne mich hervortun zu wollen – es irgendwie aushalten. Denn ich konnte in all der Hoffnungslosigkeit doch noch einen Funken Hoffnung erkennen und hatte so den Mut und die Kraft, Beistand und Trost zu schenken.

Keine Ahnung, woher die Kraft dazu kam, es muss wohl Gottes Wille gewesen sein.

Meine Oma hätte wieder gesagt: „Gottes Fügung."

In der Rückschau finde ich mein Verhalten mutig! Ein Attribut, das dem Heiligen Geist zugeschrieben wird, der auch durch schwere Zeiten trägt und tröstet.

Obwohl es noch in der offiziellen Traueranzeige anders formuliert war, sind am Ende die Eltern, die Schwester und nächsten Verwandten von An. nicht allein den schweren Weg ans Grab gegangen. Sie waren vielmehr getragen von einer Wolke der Zuneigung, der Dankbarkeit und gemeinschaftlicher Trauer von vielen Menschen. Sie waren getragen von der Hoffnung auf Auferstehung und Himmelfahrt, vielleicht mit einem Gefühl wie beim „Steife Puppe spielen": Lass dich fallen! Du wirst aufgefangen und getragen. Trotzdem! Und ich fand es sehr mutig von ihnen, dass sie sich doch zu diesem Schritt entschlossen haben.

Es hört sich blöd an, aber es war einer der Glücksmomente meines Lebens, als die ganze Schulgemeinschaft Abschied von einem außergewöhnlichen Mädchen nehmen konnte, auch wenn ich mir noch immer wünsche, An. als junge Frau erleben zu können.

Bestimmt kennen Sie ähnliche Erlebnisse, in denen Schwere sich mit Hoffnung mischt. Vielleicht hilft es, die Trauer im Alltag zu mildern, wenn es Erinnerungen an ein bewusstes Abschiednehmen gibt, wenn Menschen noch einmal ganz bewusst Anteil nehmen – am Grab wie auch an der Hoffnung, die Glaube uns allen schenkt.

Denn der Gott, der selbst durch den Tod seines Sohnes am Kreuz weiß, was Verlust bedeutet, leidet ganz sicher mit den Hinterbliebenen. Doch er schenkt auch die Perspektive auf ein Leben nach dem Tod.

Und seien wir doch mal ehrlich: Mitten im Leben begegnen uns diese Hoffnungsschimmer auf das ewige Leben immer wieder. Wenn wir an Unfallstellen vorbeikommen, an denen auch noch nach Jahren Kerzen entzündet werden. Wenn auf Friedhöfen die ewigen Lichter brennen.

Wenn wir uns selbst sehnsüchtig die Frage stellen, ob wir unsere Lieben eines Tages wiedersehen werden.

Wie gehen Sie mit Tod und Trauer um? Wo haben Sie sich allein gefühlt? Wo konnte Ihnen Ihr Glaube helfen? Können Sie sich einlassen auf das Angebot, dass Gott Sie in schweren Zeiten trägt, wie es in der folgenden bekannten Kurzgeschichte beschrieben wird?

> **Spuren im Sand**
> Von Margaret Fishback Powers
>
> Eines Nachts hatte ich einen Traum:
> Ich ging am Meer entlang mit meinem Herrn.
> Vor dem dunklen Nachthimmel erstrahlten,
> Streiflichtern gleich, Bilder aus meinem Leben.
> Und jedes Mal sah ich zwei Fußspuren im Sand,
> meine eigene und die meines Herrn.
>
> Als das letzte Bild an meinen Augen
> vorübergezogen war, blickte ich zurück.
> Ich erschrak, als ich entdeckte,
> dass an vielen Stellen meines Lebensweges
> nur eine Spur zu sehen war.
> Und das waren gerade die schwersten
> Zeiten meines Lebens.

Besorgt fragte ich den Herrn:
„Herr, als ich anfing, dir nachzufolgen,
da hast du mir versprochen,
auf allen Wegen bei mir zu sein.
Aber jetzt entdecke ich,
dass in den schwersten Zeiten
meines Lebens
nur eine Spur im Sand zu sehen ist.
Warum hast du mich allein gelassen,
als ich dich am meisten brauchte?"

Da antwortete er: „Mein liebes Kind,
ich liebe dich und werde dich nie allein lassen,
erst recht nicht in Nöten und Schwierigkeiten.
Dort wo du nur eine Spur gesehen hast,
da habe ich dich getragen."[14]

Kirche von heute darf nicht wie von gestern klingen

Mitten im Leben präsent wird der Glaube übrigens relativ oft, wenn man eingeladen ist zu einer kirchlichen Hochzeit, Konfirmation, Kommunion, Firmung, Taufe. Oder auch bei einer Beerdigung.

Leider muss ich immer wieder feststellen, wenn ich selbst eine solche Feier miterlebe:

Die „Kirche" nutzt da wirklich wenig von ihren Chancen, Menschen von der Sache Jesu zu begeistern: viel zu lange Gottesdienste, schlechte Mikrofonanlagen, Lieder, die kaum einer kennt ... die Liste ist lang!

Sind nicht gerade die Tage, an denen viele Menschen in die Kirche kommen, die das sonst eher selten tun, prädestiniert dafür, sich von seiner besten Seite zu zeigen? Stattdessen habe ich in diesem Jahr eine Erstkommunionsfeier erlebt, die so an der Lebenswirklichkeit der Kinder und ihrer Alltagssprache vorbei war, dass ich kurz davor war zu gehen. Das Thema war: Jesus, der gute Hirte. Üblicherweise gibt es in solchen Gottesdiensten dann oft ein Predigtgespräch, doch ich konnte mich des Eindrucks nicht erwehren: Kein Kind wusste so genau, was ein Hirte eigentlich ist und wie der aussieht. Wahrscheinlich hatten die meisten auch tatsächlich noch nie einen gesehen und auch keine Vorstellung davon, was ein Hirte heutzutage eigentlich den lieben langen Tag so treibt und was das mit Jesus und der Erstkommunion zu tun haben könnte.

Ich würde mir vor allem wünschen, dass den vielen Besuchern, die selten in den Gottesdienst gehen, mehr Erklärung und Hilfestellung gegeben wird. Warum beispielsweise nicht den Liedzettel mit Erklärungen versehen zur Liturgie, den Texten und den Liedern? Warum nicht die Gebete aufschreiben und so ein Mitfeiern ohne Angst vor Fehlern ermöglichen?

Die „Lesung"

Unsere Tochter war im Alter von ungefähr zehn Jahren absolut nicht begeistert von einem Nikolausgeschenk für die ganze Familie. Die Eintrittskarten für eine Lesung mit Hennig Venske „Hilfe, die Herdmanns kommen" steckten in den Stiefeln. Da war unheimlich schwierig dranzukommen, die Karten sind heiß begehrt, denn die Geschichte, vorgetragen von dem norddeutschen Schauspieler, ist in Hamburg ein echter Klassiker in der Vorweihnachtszeit.

Die Story des Buchs ist schnell erzählt: Die leicht prolligen Kinder der Familie Herdmann kapern alle Rollen des Krippenspiels und stellen die Leiterin vor immer wieder neue und kuriose Situationen. Das humorvolle Buch ist bei Jung und Alt beliebt und hat von der Moral große Bedeutung für unseren Umgang miteinander.

Wir hatten also Karten für eine Lesung in Hamburgs Alma Hoppes Lustspielhaus. Das war damals wirklich etwas ganz Besonderes für uns. Mit drei Kindern saß das Geld halt nicht so locker, und wir haben so was selten unternommen.

Unsere anderen Kinder freuten sich auch auf diesen Ausflug. Aber unsere Tochter stellte sich an wie in der schlimmsten Trotzphase. Die ganze Veranstaltung drohte zu platzen, weil sie partout nicht mitgehen wollte.

„Ich geh zu keiner Lesung, das interessiert mich null, ich bleib allein zu Hause."

Das ganze Theater und Gezeter ging über Stunden. Meine Mutter, die auch mitkommen sollte, verstand die Welt ihrer Enkelin genauso wenig wie mein Mann und ich.

Lediglich die Aussicht auf eine große Laugenbrezel plus ein Kaltgetränk ihrer Wahl überzeugte unsere Tochter doch noch, den Weg in die Innenstadt mit uns gemeinsam anzutreten.

Mit Leichenbittermiene saß sie dann auf ihrem Platz, die Brezel in der einen und die Cola in der anderen Hand. Von Vorfreude keine Spur; auch bei uns anderen nicht. Dafür war das ganze Palaver zu kräftezehrend gewesen.

Und dann betrat Henning Venske die Bühne und fing an zu lesen.

Meine Tochter bog sich von der ersten Minute, schon nach den ersten Worten, vor Lachen:

„Die Herdmann-Kinder waren die schlimmsten Kinder aller Zeiten. Sie logen und klauten, rauchten Zigarren (sogar die Mädchen) und erzählten schmutzige Witze …

Ralf, Eugenia, Leopold, Klaus, Olli und Hedwig – sechs magere, dünnhaarige Kinder, die sich nur dadurch voneinander unterschieden, dass sie verschieden groß waren und an verschiedenen Stellen blaue Flecke aufwiesen, die sie sich gegenseitig beigebracht hatten."[15]

Unser kleiner Trotzkopf amüsierte sich während des ganzen Vortrags köstlich und aß die Brezel erst auf dem Rückweg in der S-Bahn auf.

„Sag mal, was war denn los mit dir? Wieso hast du dich denn heute den ganzen Tag so angestellt?"

Die Antwort überraschte. Ich wäre von selbst nie auf diesen Grund der Trotzhaltung meiner Tochter gekommen:

„Ich dachte halt, das wäre so eine Lesung wie in der Kirche. Die erste und dann auch noch die zweite. Und in der Osternacht waren es sogar sieben!!! Sieben!!! Und da hatte ich einfach keine Lust drauf, mich den ganzen Tag zu Tode zu langweilen."

Da muss man aber auch erst mal draufkommen!

In meiner Messdienerinnenzeit hab ich an unzähligen grünen Hochzeiten teilgenommen, bei Taufen das Handtuch zum Abtrocknen bereitgehalten und bei Kommunionfeiern aufgepasst, dass die Mädels ihre Haare nicht an den Kerzenflammen angesengt haben.

Wenn ich die Lesung lesen durfte, was oft vorkam, hab ich mir immer besonders Mühe gegeben, vor allem wenn die Kirche außer dem Brautpaar nur ganz wenige Gäste beherbergte. Vielleicht ist ja jemandem mein mit Inbrunst vorgetragenes „Hohelied der Liebe" im Gedächtnis geblieben?

Aus meiner Sicht ist es total wichtig, dass die Kirche sich immer weiter öffnet und die Sprache der Menschen besser spricht. Ich meine damit ausdrücklich nicht, dass jeder Gottesdienst zum Riesenevent werden muss. Aber allein durch mehr Alltagssprache statt Predigtjargon würden sich sicher mehr Menschen für das interessieren, was der Geistliche zu sagen hat. Kirche anders und neu zu erfahren mit modernen Elementen entspricht der Sehnsucht vieler Menschen nach Spiritualität.

Echt cool, Herr Pfarrer

Ich erinnere mich gerne an eine Konfirmation in der evangelischen Nachbargemeinde zurück. Ich kannte den Pfarrer gut und freute mich an dem schönen Gottesdienst mit wirklich motivierten Jugendlichen. Bei der anschließenden Fotosession auf dem Kirchplatz konnte ich ein paar Worte mit ihm wechseln, als einer der Konfirmanden auf ihn zusprang, seine Hand schüttelte und ihm begeistert zubrüllte:

„Also ehrlich, Herr Pfarrer! Ich wusste ja schon, dass Sie einer von den Coolen sind, aber dass Sie zur Meisterschaft von Stuttgart auch noch den passenden Schal umgeworfen haben: Hut ab!"

Ich hab erst mal nur Bahnhof verstanden, aber tatsächlich: der Pfarrer trug eine rot-weiße Stola. Nicht aus Fanliebe zum VfB Stuttgart, der am Vortag Meister wurde, sondern weil es die liturgischen Farben des Tages waren.

Ganz sicher wird dieser Jugendliche niemals seine Konfirmation vergessen und seinen Pfarrer als „coole Socke" in Erinnerung behalten.

Vor einigen Jahren hatte sich im Zuge der Computerspiele-Messe „Gamescom" der ehrwürdige Kölner Dom in einer eindrücklichen Lichtinstallation präsentiert. Fast 50.000 Menschen haben sich in den drei Tagen die Licht-Klang- und Duft-Installation „SilentMOD" angesehen. Das Ganze war ein beeindruckendes Gesamtkunstwerk aus gotischer Architektur und hochmoderner Technik: Lasertunnel, Roboter, ein tiefblau ausgeleuchteter Innenraum und sphärische Musik.

Eine offene Kirche, die die Botschaft der heiligen drei Könige unaufdringlich und ohne moralischen Zeigefinger präsentierte: Alle sind willkommen! Jeder kann und darf das Geschenk so annehmen, wie er es versteht. Staunen und sich anrühren lassen, vielleicht sogar wieder an das Wunder glauben.

Als ich an jenem Samstagabend dort war, waren viele Besucher der Gamescom in ihren typischen Manga- oder Comickostümen auch im Innenraum des Doms unterwegs und beobachteten fasziniert, wie spannend die Inszenierung war. Und ein leichter, mal stärker wahrzunehmender Duft nach Weihrauch und Myrrhe lag in der Luft. Ich habe heute noch eine Karte von dem Ereignis, die immer noch leicht den Duft des Domes verströmt.

„Das riecht aber echt gut, was ist denn das?" Der junge Gamer wusste absolut nicht, was er da roch.

„Weihrauch, Myrrhe und eine Note Zitrus", erklärte der Guide geduldig!

„Krass! Myrrhe hab ich bis jetzt immer nur geraucht!", entfuhr es dem jungen Mann und während er die Karte in seiner Hosentasche verstaute, schlenderte er mit einer Gruppe junger Leute in Hasenkostümen langsam dem Ausgang zu.

Die meisten Leute, die ich wahrgenommen habe, waren berührt von dem Erlebnis im Dom zu Köln, und die Presse hat sich im Anschluss überschlagen mit positiver Berichterstattung über das Event und den Mut des Dompropstes, der sich vehement dafür eingesetzt hatte.

Dieses Beispiel macht auch mir Mut, dass die Kirche zukünftig immer wieder neue Wege gehen wird, um Menschen mitten ins Herz zu treffen und im Gedächtnis zu bleiben.

4. FESTE FEIERN

Feste des Jahres und des Lebens

Wenn einer zu feiern weiß, worauf es im Leben ankommt, dann die Kirche. Auch wenn sie in unserer Vorstellung nicht gerade einer Entertainerin entspricht, die rauschende Feste schmeißt, aber die Kirche gestaltet angefangen beim Advent und Weihnachten, über die Passionszeit und Ostern bis hin zum Totensonntag weltweit jedes Jahr Gottesdienste und Feste – und das seit Jahrhunderten mit Millionen Besuchern.

Wo trat Jesus noch gleich zum ersten Mal mit einem Wunder in Erscheinung? – Auf der Hochzeit zu Kana, als er das Paar vor durstigen Gästen bewahrte und dafür sorgte, dass der Wein immer besser wurde, je länger das Fest dauerte. *„Füllt die Krüge!"*[16] Dieser Appell war übrigens auch das Motto unserer grünen Hochzeit. „Füllt die Krüge des Lebens bis oben hin voll und gestaltet euer gemeinsames Leben aus der Fülle und Liebe des Herrn", hieß es damals für meinen Mann und mich. *„Schöpft jetzt etwas heraus und bringt es dem Festmeister!"*[17]

Kirche und Glaube haben immer etwas mit dem Feiern zu tun. Das ist nicht bloß auf liturgisch oder frei arrangierte Gottesdienste beschränkt, sondern schließt auch das ganz einfache Miteinander im Glauben ein, wenn es ums miteinander Reden und Lachen geht. Und bekanntlich gibt es genug Gelegenheiten, vom Pfarrfest bis zum Adventsmarkt, das Beisammensein zu pflegen und alte Freunde wiederzutreffen.

Feste vorzubereiten und zu gestalten – ich liebe das. Mir macht es Spaß, mir über die Deko, den Ablauf, das Essen und die Gäste Gedanken zu machen, und ich habe gelernt, dass gute Planung alles ist. Darum mein Tipp gleich am Anfang für jedes anstehende Fest:

Schaffen Sie eine Grundordnung, eine Struktur der Feier mit Begrüßung und Vorstellung, mit einer schönen Deko und mit klaren Ansagen für den Ablauf. Das gibt den meisten Gästen Sicherheit und entlastet auch Sie als Gastgeber. Scheuen Sie sich auch nicht, Hilfe von den Gästen zu erfragen; die meisten krempeln gerne mal ihr Hemd oder ihre Bluse hoch. Und wichtig: Schaffen Sie wiederkehrende Feste und Rituale für sich und Ihre Familie wie das gemeinsame Singen des Geburtstagsliedes oder das Auspusten der Kerzen. Überlegen Sie sich ruhig einmal, wie die Bescherung an Heiligabend ablaufen soll. Vielleicht würfeln Sie um die Geschenke, wer als Nächster auspacken darf, oder nach zwanzig Minuten gibt es erst einmal eine Pause für einen Tanz oder das Vorlesen der Weihnachtsgeschichte. Solche Rituale schenken und steigern die Vorfreude.

Als Christin bin ich geradezu eine Meisterin im Feiern: Ich persönlich denke da zunächst an Karneval als rauschendes Fest vor der Fastenzeit, an die vielen Geburtstage, Familienfeste und natürlich an die Feste im Kirchenjahr – all die christlichen Feiertage, die uns Jahr für Jahr im Kalender begegnen. Sie laden uns nicht nur zum Feiern ein; manche bescheren uns sogar einen oder gleich mehrere Tage frei (Auch dem Brückentag sei Dank!) und sprechen mit ihren Botschaften in unser Leben und geben diesem einen Rahmen:

- Advent: Es wird Zeit, sich auf etwas Kommendes vorzubereiten.
- Weihnachten: Das Fest der Liebe, die uns Menschen begegnet.
- Ostern: Wenn alles zu Ende scheint, bricht etwas Neues auf.

Sich einzulassen auf die vielen Feste im Kirchenjahr, mal wieder genau hinzuschauen – ich kann das nur empfehlen! Denn wer mitfeiert, der nähert sich auch dem Glauben, der uns Jahr für Jahr in den Festen begegnet.

Ohne Feste wäre diese Welt,
wäre unser Leben kaum
auszuhalten.
Feste öffnen Menschen füreinander,
sie öffnen Fenster der Hoffnung in
eine bessere Zukunft.
Ein Fest braucht nichts Großartiges
zu sein,
es bedarf keiner umständlichen
Organisation.
Es genügt, dass zwei oder mehr
Menschen beisammensitzen,
miteinander reden, trinken,
scherzen.

Kurt Marti (1921-2017),
schweizerischer Pfarrer und Schriftsteller

Zeit des Wartens

Advent

In der dunklen Jahreszeit ist man empfänglich für Lichterglanz, wärmenden Glühwein, Weihnachtsmärkte. All das animiert Richtung Geschenkestimmung, und zwar schon vier Adventswochen lang. Ach, was sag ich, wochen- wenn nicht gar monatelang im Voraus. Ich sag nur 15. August! Ich wette, dann liegen wieder die ersten Dominosteine, vielleicht sogar Lebkuchen im Discounter gleich vor der Kasse.

Man wird also schon im Vorfeld gefühlsmäßig zum Schenken animiert. Und die Kommerzialisierung der Weihnachtszeit gehört mittlerweile zu den Lichtergirlanden und zum Tannengrün dazu. Selbst wer nun so wirklich gar nichts mit Weihnachten zu tun haben will, kommt nicht drum rum und muss sich im Kaufhaus beim Powershoppen von Weihnachtsmusik berieseln lassen; die Durchsage mit den einmaligen Gelegenheitsangeboten erschallt noch dazu. Einkaufszentren würden am liebsten rund um die Uhr öffnen, Sonntage sind teilweise verkaufsoffen, und selbst bei nicht religiösen Menschen regen sich irgendwann leichte Zweifel: *„Also, egal was wir da eigentlich feiern, das wird mir alles zu stressig hier!"* Und dann kommen ja erst noch die Feiertage mit dem vielen Essen, den vielen Geschenken, den lieben Verwandten, …

Die große Sehnsucht der Adventszeit nach Ruhe und Besinnlichkeit, nach Familienfrieden und Einkehr scheint kaum mehr möglich.

Dabei will uns doch die vorweihnachtliche Adventszeit eine Struktur und einen Rhythmus geben: Vier Wochen mit vier Adventssonntagen (wenn Heiligabend auf einen Sonntag fällt, sind es nur drei), symbolisiert durch den Adventskranz mit seinen Kerzen, lädt sie uns ein, sich auf die Ankunft und die Geburt Jesu vorzubereiten und birgt dabei so viel Schönes und Geheimnisvolles.

Der erste Advent ist ein Aufruf, sich vorzubereiten. Mit dem ersten Sonntag nach dem 26. November beginnt im Festkreis der Kirche auch das neue Kirchenjahr. So wie es in Psalm 24 und in dem bekannten Kirchenlied heißt *„Machet die Tore weit!"* Erwartet wird nämlich eine „Ankunft", was die wörtliche Übersetzung des lateinischen Wortes „adventus" für Advent ist. Ähnlich wie wenn man zu Hause Besuch erwartet, beginnt also eine Zeit der Vorbereitung und des Wartens auf den eintreffenden Gast. Und dieses Warten im Advent ist das Warten auf niemand Geringeren als Gott selbst. Christen weltweit erinnern sich Jahr für Jahr daran, dass Gott in diese Welt gekommen ist, dass das Licht die Dunkelheit besiegt hat.

Adventskalender

Zu warten fällt vielen Menschen schwer – vor allem Kindern. Deshalb entstand Mitte des 19. Jahrhunderts der Brauch des Abzählens der Tage bis zum Weihnachtsfest. Man verwendete dafür Strohhalme, eine Weihnachtsuhr oder Adventskerze, die jeden Tag bis zur nächsten Markierung abgebrannt wurde. Erst später hängte man Bildchen mit religiösen Motiven auf. Den ersten Schokoladenadventskalender gab es Ende der 1950er-Jahre.

Der Advent, am Ende des Jahres und als Auftakt des Kirchenjahrs, ist also eine Zeit der Besinnung. Eine Zeit, in der es sich lohnt, auch mal darüber nachzudenken, ob man etwas anders machen sollte in seinem Leben. Das kommt auch der ursprünglichen Idee des Advents nahe, denn einst waren nicht nur die Wochen vor Ostern, sondern auch die der Adventszeit für Christen eine Fastenzeit.

Fasten, Verzichten, Warten – eigentlich eine schöne Idee, Advent mal ganz anders und sicher bewusster zu feiern als „alle Jahre wieder" gleich.

Adventskranz

Er soll Ende des 19. Jahrhunderts von dem Hamburger Theologen Johann Hinrich Wichern (Gründer der Inneren Mission der Evangelischen Kirche, dem Vorläufer des Diakonischen Werks) erfunden worden sein. Damals erstrahlten als Zählhilfe für Kinder 23 Kerzen (19 kleine rote für die Werktage und 4 große weiße für die Sonntage) auf einem Kranz aus Holz ohne Tannengrün, das erst um die Jahrhundertwende hinzukam. Später dann reduzierte man den Kranz auf die vier Sonntagskerzen.

GOTT WIRD MENSCH

Weihnachten

Welches Fest ist das wohl größte christliche Fest? Theologisch lautet die Antwort sicher Ostern; das Fest, an dem sich die Hoffnung auf ein Leben nach dem Tod manifestiert.

Ich glaube allerdings, dass für die meisten die Weihnachtsfeiertage bedeutender sind: das Fest der Familie und Liebe. Und an Weihnachten machen sich eben auch mal all die Menschen auf den Weg in die Kirche, die sonst nicht gehen. Und nicht zu vergessen: Weihnachten liegt am Jahresende, das verbindet man mit Rückschau-halten, Dankbarkeit und dem Sinn dafür, dass ein Gottesdienstbesuch einfach dazugehört.

Außerdem lässt sich Weihnachten viel anschaulicher gestalten als Ostern. Weihnachten spricht halt wesentlich mehr Gefühle an als das Frühlingsfest. Erinnern Sie sich noch an den Werbeclip einer Supermarktkette, in der ein Opa über Jahre das Weihnachtsfest allein verbringt, weil ihm Jahr für Jahr die Familie absagt, und der irgendwann zu einem Weihnachtsfest seine eigene Beerdigung inszeniert, um doch mal alle seine Kinder und Enkel an einen Tisch zu bekommen? „#heimkommen" wurde auf YouTube millionenfach geklickt. Mit dem Osterfest hätte das niemals funktioniert. An Ostern fahren weitaus weniger Menschen nach Hause als an Weihnachten.

Und dann ist da noch die Erwartungshaltung. Sie ist groß. Schmeckt der stundenlang zubereitete Braten? Vergisst man auch ja keins der Weihnachtsrituale, die die Kinder so sehr lieben? Dass manches Fest oft in Streit, Tränen und Enttäuschung endet und die Nerven blank liegen, ist wohl jedem klar. Haben wir auch alles erlebt: Tannenbäume, die kurz vor der Bescherung umkippten, angebranntes Essen, Lichterketten, die partout nicht leuchten wollten.

Besondere Aufmerksamkeit gebührt dem Schenken. Für manche ist die rastlose Suche nach dem passenden Geschenk längst zur lästigen Pflichtübung geworden und in vielen anderen Familien wird sich schon gar nichts mehr geschenkt. Dabei macht Schenken glücklich, sofern es von Herzen kommt. Gott selbst hat uns seinen Sohn geschenkt und wir erinnern uns mit dem Weihnachtsfest an diese Liebe Gottes: *„Denn uns ist ein Kind geboren. Ein Sohn ist uns geschenkt!"*[18]

Gott wird Mensch. Er kommt auf die Welt und in unsere Welt hinein. Kaum jemand kann sich dem Zauber der Weihnachtsgeschichte entziehen: Ein junges Paar, das allein unterwegs ist. Die Dramatik, dass Joseph und Maria doch noch rechtzeitig einen Unterschlupf fanden. Und dann sind da noch die Hirten und Engel, die der Geschichte einen wunderbar geheimnisvollen Glanz verleihen. Doch neben aller Krippenspielromantik, die das Lukasevangelium bietet, weist die Beschreibung der Weihnachtsereignisse im Johannesevangelium regelrecht auf einen Skandal hin: *„Er kam in seine eigene Schöpfung. Aber die Menschen, die er geschaffen hatte, nahmen ihn nicht auf."*[19]

Wie war das noch gleich mit dem Geschenkeauspacken? Wer lässt schon ein Geschenk links liegen? Vor allem, wenn es ein wahrhaft himmlisches ist?

Der Clou steckt bei dem Geschenk, das Gott uns mit seinem Sohn macht, im Detail. Das Geschenk braucht nicht mehr geöffnet zu werden. Der Schlüssel, um es zu empfangen, liegt vielmehr bei einem selbst. Es geht darum, sich selbst, diesem Sohn anzuvertrauen, sich selbst zu öffnen: *„Aber wer sich ihm öffnete, denen verlieh er das Recht, Kinder Gottes zu werden. Das sind alle, die glauben, dass er im Auftrag Gottes handelt."*[20]

Vielleicht wird so deutlich, dass die christliche Botschaft doch mit jedem von uns etwas zu tun hat. Selbst mit Zweiflern und weniger religiösen Menschen: Weihnachten wird allen Menschen ein Geschenk gemacht, das nur durch das eigene Vertrauen ausgepackt werden kann.

FEST DER ERSCHEINUNG

Epiphanias / Dreikönigsfest

Sicher sind Ihnen schon einmal die Buchstaben und Zahlen an oder über Haustüren aufgefallen: 20*C+M+B*18 – wie zum Beispiel für das Jahr 2018. Sie bedeuten, dass die Sternsinger vor Ort waren und den Segen über die Tür geschrieben haben: *Christus mansiomen benedicat* (Christus segne dieses Haus.). Die Anfangsbuchstaben dieses Segensspruchs werden aber oft verwechselt mit den Vornamen der heiligen drei Könige: Casper, Melchior und Balthasar, die so weder namentlich noch als Könige in der Bibel erwähnt, aber seit dem sechsten Jahrhundert nach Christus in Verwendung sind. Die Bibel berichtet nur von weisen Männern, die zur Krippe kommen und huldigen.

Am 6. Januar ist es vielerorts Brauch, dass Kinder, die als diese Könige verkleidet sind, als Sternsinger sprichwörtlich um die Häuser der Gemeinde ziehen und Spenden sammeln für Projekte in aller Welt. Die „Aktion Dreikönigssingen" ist die größte Solidaritätsaktion von Kindern für Kinder weltweit.

Neben der Kreide und den guten Wünschen haben die Sternsinger meist noch ein frohes Lied im Gepäck:

„Hoch am Himmel steht ein Stern,
spricht von Christus unserem Herrn. (1)
Männer aus dem Morgenland
haben diesen Stern erkannt. (2)
Freut euch alle Groß und Klein,
denn Gott lässt uns nicht allein.
Auf der ganzen weiten Erde soll nun Friede sein."

Im Grunde trifft diese Zeile auch den Kern des „Festes der Erscheinung" – „Epiphanias" (abgeleitet vom griechischen Wort „epiphaneia" für „Erscheinung"), das im Kirchenjahr am 6. Januar gefeiert wird. Im Bildnis vom Stern, der die drei weisen Männer zur Krippe führte, zeigt sich die ganze Strahlkraft der Geburt Jesu. So sehr, dass die Kirche in der sich anschließenden Epiphaniaszeit auch noch anderer Stationen im Leben Jesu gedenkt (Taufe, Hochzeit zu Kana, Verklärung), in denen Gott sprichwörtlich „in Erscheinung" tritt.

Kirche und Karneval

Kirche und Karneval gehören fest zusammen. Das Datum für die tollen Tage orientiert sich immer an Ostern. Nur ab Aschermittwoch ist „Schluss mit lustig". Die 40-tägige Fastenzeit beginnt und sie endet mit dem Ostersonntag. Und weil Ostern immer am ersten Sonntag nach dem ersten

Vollmond im Frühling stattfindet, fällt sowohl die Karnevalszeit als auch das Osterfest jedes Jahr anders. Schrecklich, wenn die Session wieder einmal total kurz ist und man vor lauter Schunkelei kaum noch zum Arbeiten kommt.

Auch schrecklich, wenn die Session so lang gerät, dass man am Rosenmontag ziemlich entkräftet am Zugweg steht und nur noch auf den Aschermittwoch wartet. Aber im Ernst: Kirche und Karneval sind in den Hochburgen eng verknüpft. Die vielen gut besuchten Karnevalsgottesdienste zeigen das deutlich, wie auch die Predigten, die Büttenreden gleichen. Oft werden die passenden Karnevalslieder gesungen oder auf der Orgel gespielt. Die Menschen erleben eine Feier in der Kirche, die Herz und Humor trifft, und kommen wohl auch deshalb in Scharen und kostümiert. Warum solche Emotionen und das darin liegende Potenzial an Kreativität nicht auch im ganz normalen Gottesdienst ausgeschöpft werden kann, frage ich mich immer. Die Kirchenbänke wären dann sicherlich voller!

Aber jeder weiß: Die überschäumende Lebensfreude des Karnevals, des Feierns, dieses Himmelhochjauchzende – all das endet ziemlich abrupt am Aschermittwoch. Da ist sprichwörtlich „alles vorbei". Die einen pflegen dann stöhnend ihren Kater, die anderen holen sich im Gottesdienst ihr Aschenkreuz ab und werden daran erinnert: Nach jedem Hoch kommt auch wieder ein Tief.

Egal zu welcher Gruppe Sie gehören: Christen dürfen ausgelassen feiern, aber es ist gut, dass wir den Aschermittwoch haben. Sonst wären wir wohl komplett verloren! Denn so wird einem klar: Ein Leben nur im Feierrausch ist unrealistisch. Wir brauchen Auszeiten. Und das Leben konfrontiert uns auch mit Leid.

„Das, was erfreut, hat noch nie gereut ...", dichtete der Kölner Liederschreiber Jupp Schmitz in dem Karnevalsklassiker *„Am Aschermittwoch ist alles vorbei"*. Und um der Reue nach dem närrischen Treiben zu entgehen, wurde in einigen Karnevalshochburgen der „Nubbel" etabliert – eine große Strohpuppe, die zu Beginn der Karnevalstage in den Kneipen aufgestellt wird. Am Aschermittwoch wird dann dem Nubbel alles reuewürdige Handeln der vergangenen Tage zugesprochen. „Wer hat Schuld, dass wir ... getan haben?", fragt dann vielerorts ein als Geistlicher verkleideter Karnevalsjeck. Und die Menge antwortet: „Dat wor der Nubbel." Anschließend wird der Nubbel verbrannt oder „zu Grabe getragen". So lassen sich nach dem Brauch alle Untaten ungeschehen machen.

Ist es nicht verblüffend, wie eng dieses Brauchtum mit dem christlichen Grundgedanken von Schuld und Sühne verknüpft ist? Ist es im Alten Testament noch ein Sündenbock, der die Verfehlungen der Menschen stellvertretend begleicht und deswegen in die Wüste geschickt wird[21], ist es im Neuen Testament Jesus Christus, der als Opfer am Kreuz ein für alle Mal die Schuld trägt.

Längst nicht alles vorbei

Aschermittwoch

Nach dem ausufernden Fest des Karnevals beginnt die knapp siebenwöchige Fastenzeit. Für mich meistens mit dem Empfang des Aschenkreuzes, das mich eindrücklich daran erinnert, dass nun eine Zeit beginnt, in der wir Menschen zur Buße aufgerufen werden. Nach dem ausgelassenen Treiben steht nun die innere, seelische Umkehr auf der Tagesordnung.

Das Aschenkreuz erinnert daran, dass alles vergänglich ist. Das ganze Prozedere hat etwas sehr Mystisches: Um die Asche zu gewinnen, werden Palmzweige aus dem letzten Jahr verbrannt und anschließend mit Weihwasser besprengt. Im Gottesdienst zeichnet der Priester den Gläubigen dann ein Kreuz auf die Stirn und spricht die Worte: *„Bedenke Mensch, dass du Staub bist und wieder zum Staub zurückkehren wirst."*[22] Oder: *„Bekehrt euch und glaubt an das Evangelium."*

Die Asche erinnert an die Vergänglichkeit des Menschen und symbolisiert, dass Altes vergehen muss, damit Neues entstehen kann. Wer ein Aschenkreuz empfängt, der zeigt, dass er bereit ist zu Buße und Umkehr.

Für Christen bedeuten Kreuz und Tod nicht das Ende, sondern den Beginn des ewigen Lebens bei Gott. Diese

Perspektivänderung mit Blick auf Gott soll auch dazu dienen, sich den Menschen in der eigenen Umgebung in Liebe wieder neu zuzuwenden.

Gestärkt durch Verzicht

Fastenzeit

In der Zeit vor Ostern sollen Christen sich auf das Osterfest vorbereiten – vierzig Tage lang. Die Zahl 40 hat biblische Bedeutung: Mose fastete 40 Tage und Nächte auf dem Berg Sinai, Jesus 40 Tage in der Wüste.

Selbst nicht religiöse Menschen nutzen die von den Kirchen ausgerufene Fasten-, bzw. Passionszeit oder österliche Bußzeit, um sich selbst zu prüfen: Kann ich ohne Alkohol, Zigaretten, Süßkram leben? Sind meine Gewohnheiten schuld an lähmender Langeweile in meinem Leben? Wie könnte ich mein Leben bewusster oder gesünder gestalten? Sich schlechter Angewohnheiten bewusst zu werden, neue Wege zu gehen und den Kurs des eigenen Lebens zu korrigieren – darin steckt die Chance der Fastenzeit.

Mit Religion oder Glauben muss das erst mal gar nichts zu tun haben. Allerdings auch nicht mit Diät. Zwar lässt eine Fastenkur einige Pfunde purzeln, aber darum geht es in erster Linie gar nicht.

Viele Menschen probieren seit den letzten Jahren immer neue Formen des Verzichts aus: Handyverzicht, Shoppingverzicht, Meckerverzicht …

Durchhalten beim Fasten

Der ökumenische Verein anderezeiten aus Hamburg geht mit seiner Initiative „7 Wochen anders leben" neue und moderne Wege, um die Fastenzeit zu gestalten. Wöchentlich bekommen Sie einen Brief oder eine Mail mit Vorschlägen, die sieben Wochen mit Ihrem Fasten-vorhaben zu gestalten.
www.anderezeiten.de

Seit vielen Jahren lädt „7 Wochen ohne", die Fastenaktion der Evangelischen Kirche in Deutschland (EKD), dazu ein, die Zeit zwischen Aschermittwoch und Ostern bewusst zu erleben und zu gestalten – zum Beispiel mit einem begleitenden Kalender oder durch den Besuch einer örtlichen Fastengruppe.
7wochenohne.evangelisch.de

Das Kreuz als Zeichen des Glaubens

Karfreitag

An Karfreitag herrscht Trauer über den Tod von Jesus Christus am Kreuz. Hierzulande ist der ganze Tag ein hochheiliger kirchlicher und gesetzlicher Feiertag. Deswegen bleiben die meisten Geschäfte und vor allem Vergnügungsstätten geschlossen. Es gibt ein Tanzverbot und es soll Ruhe herrschen. Und diese Ruhe beginnt halt schon mancherorts Donnerstagnacht um 0:00 Uhr. Die Bundesländer handhaben dieses Verbot ziemlich unterschiedlich. Am liberalsten ist man in Berlin.

Übrigens: Auch ein Wohnungsumzug ist an Karfreitag genau wie am Totensonntag gesetzlich verboten. Darüber regen sich Menschen auf, die das veraltet finden. Die Sehnsucht, ausgerechnet am Karfreitag das Tanzbein zu schwingen, ist anscheinend riesig.

Wahrscheinlich hat das etwas damit zu tun, dass es für viele Menschen leider nicht mehr spürbar und erfahrbar ist, was der Karfreitag an sich bedeutet. Ich selbst aber erinnere mich noch, wie ich während meiner ersten Karfreitagsliturgie mit den Tränen kämpfen musste.

Einerseits ist der Bedeutungsverlust schade, andererseits verstehe ich den Konflikt, sich gegen ein Verbot aufzulehnen, das sprichwörtlich von oben verordnet ist. Dennoch halte ich es für wichtig, für den Glauben und manche Prinzipien einzustehen. Etwas, das ich von meiner Oma gelernt habe. Denn für meine Oma Marianna (Jahrgang 1908) war das Leben ohne bewusst gelebten Glauben nicht vorstellbar. Eine ihrer vielen Glaubensgeschichten werde ich sicher nie vergessen. Sie zeigt deutlich, wie viel Hoffnung der Glaube geben kann, auch wenn die Situation noch so hoffnungslos erscheint:

Gut beschützt

Es war im Jahr 1945, als sich meine Oma Marianna auf dem Weg nach Hause an den Niederrhein befand. Ich hab vergessen, wohin sie damals evakuiert worden war, um die schlimmsten Kriegsmonate in Sicherheit zu überleben, aber sie erzählte immer, dass sie während ihres Fußmarsches an Konzentrationslagern vorbeikam. Ich schätze, sie musste sich von Süddeutschland aus zurück in die Heimat kämpfen.

Damals rückten die Russen immer näher und unter den deutschen Frauen herrschte große Angst. Gerüchte über brutale Übergriffe, Raub und Vergewaltigungen machten die Runde. Jede Frau hatte auf dem langen Marsch Angst vor dem, was in den tiefen Wäldern womöglich auf sie zukam.

Viel mitnehmen konnte damals niemand. Mariannas Gefährtinnen nutzten ihre Rucksäcke oder Koffer, um sie randvoll mit allem, was sich an Essbarem finden ließ, zu füllen.

Meine Oma aber entschied sich für einen einzigen Gegenstand: ein großes hölzernes Kreuz, das ihr in langen einsamen Stunden Trost und Zuversicht gegeben hatte.

Dass die anderen Verständnis dafür hatten, hielt sich in Grenzen. „Glaub bloß nicht, dass wir dich durchfüttern. So ein Scheißkreuz kannste nicht fressen, höchstens verfeuern." Das und weitaus Drastischeres musste sich Marianna anhören, blieb aber, stur wie sie war, bei ihrem Vorhaben.

„Gut beschützt gehe ich nach Hause oder gar nicht! Basta!"

Schon nach ein paar Stunden Wanderung kam es, wie es kommen musste: In der Dämmerung wurde Marianna von russischen Soldaten aufgehalten.

„‚Stoi!', rief der eine und versuchte dann an mich ranzukommen. Aber ich konnte ein paar Brocken Russisch und hab ihn nach dem Kommandanten gefragt", erzählte Marianna mir.

Dieser konnte dann etwas Deutsch und wollte sich sofort den Ranzen von Marianna unter den Nagel reißen. Wohl in der Annahme, dass sich etwas Essbares darin befände.

Natürlich schaffte er es, an den Ranzen zu kommen und betrachtete verwundert das Kreuz mit dem fein geschnitzten Corpus.

„Ob er das behalten dürfe?", fragt er Marianna. Es erinnere ihn an bessere Zeiten und er würde dafür sorgen, dass Marianna sicher nach Hause käme.

Stumm nickte meine Oma und bekam zum Tausch einen Passierschein mit Stempeln und Unterschrift.

„Zeig das jedem, der dich aufhalten will, und sie werden dir nichts tun."

So kam Marianna ausgehungert, aber heil und unversehrt wieder in der Heimat an.

Gesungen und gebetet habe sie unterwegs viel, denn ihren Rosenkranz in der Rocktasche, den habe man ihr nicht wegnehmen können, erzählte sie mir.

Leider sind Passierschein und Rosenkranz irgendwann verloren gegangen. Nicht aber die tiefe Zuversicht meiner Oma: Wer auf Gott vertraut, hat nicht aufs schlechteste Pferd gesetzt.

Das Kreuz ist ein Symbol. Es ist ein Zeichen für Hoffnung und Kraft. Paradox, nicht wahr? Denn ursprünglich war es ja zur Zeit der Römer ein Folter- und Tötungsinstrument. Auch heute fragt sich manch einer: Warum ausgerechnet ein solches Kreuz? Hätte es nicht eine andere Möglichkeit für Gott gegeben als ein Hinrichtungsinstrument? Wohl auch deswegen verzichten manche Verlage auf die Darstellung der Kreuzigungsszene in Kinderbibeln. Doch entscheidend beim Kreuz ist, in ihm mehr zu sehen. So wie es der bekannte Spruch *„It's friday! But Sunday's coming"* (aus einer Predigt des amerikanischen Pastors S.

M. Lockridge) ausdrückt. Sinngemäß übersetzt bedeutet er: Auch wenn heute Karfreitag ist – Ostern kommt noch. Nach allem, was schrecklich war bzw. ist, nach dem Tod, kommt noch die Auferstehung.

Zu wissen, dass Jesus nicht im Grab geblieben ist, dass er auferstanden ist, macht aus seinem Tod am Kreuz erst die frohe Botschaft des Evangeliums. Dass dieser Gott die tiefsten Schmerzen und Nöte unserer menschlichen Existenz kennt, sie selbst durchlebt und trotzdem um eine Lösung weiß, die größer ist als alles, was wir menschlich fassen können – das symbolisiert das Kreuz. Dass wir diesem Gott vertrauen können bis über die Grenzen des Todes hinaus. Oder eben wie bei meiner Oma: dass es Hoffnung gibt, dass wieder bessere Zeiten kommen, dass wieder Licht scheint, wenn sich alles in Dunkelheit befindet. Grund genug, wie ich finde, aus diesem Anlass einmal im Jahr auf die Pausetaste zu drücken und nicht tanzen zu gehen.

LIEBE, DIE STÄRKER IST ALS DER TOD

Ostern

Ostern feiern wir die Auferstehung von Jesus, der „hinabgestiegen in das Reich des Todes" und „am dritten Tage auferstanden [ist] von den Toten", wie es im apostolischen Glaubensbekenntnis heißt.

Es waren Frauen, die das leere Grab entdeckten. Sie waren verwundert, dass der schwere Stein weggerollt war, und ängstlich verzagt aufgrund des Unerklärlichen. Und sie waren es auch, die dem Engel glaubten und die frohe Botschaft den Jüngern überbrachten.

Jesus lebt! Er hat den Tod, die letzte Macht, bezwungen.

Auch wir heute dürfen teilhaben an dieser frohen Botschaft und am Reich Gottes.

Ich stelle mir gerne vor, wie verzweifelt die Familie und Freunde von Jesus nach der Kreuzigung gewesen sein müssen. Sie waren nun allein und ohne Hoffnung in einer politisch aufgeladenen Situation. Kein Wunder, dass sich fast alle versteckt hielten und vor Trauer und Sorge nicht erkannten, was geschehen war. Das wird in der Geschichte der beiden Jünger, die nach Emmaus gingen, besonders deutlich. Jesus begleitete die beiden, doch sie erkannten ihn nicht und schütteten ihm ihr schweres Herz aus.

Im Laufe des Gespräches erläuterte Jesus ihnen, warum alles genau so passieren musste, wie es geschah. Aber erst als er das Brot brach, erkannten sie ihn!

„War uns nicht zumute, als würde ein Feuer in unserem Herzen brennen, während er unterwegs mit uns sprach und uns das Verständnis für die Schrift öffnete?"[23], fragten sich die beiden Emmaus-Jünger anschließend.

Ist Ihnen das auch schon einmal passiert? Dass Ihnen das Herz brannte, weil Gott Sie so direkt ins Herz getroffen hat? Gehen Sie dem ruhig einmal nach, denn diese Spur könnte Sie in eine Begegnung der Hoffnung führen.

Im Grunde hätten die beiden Jünger einfach nur zu glauben brauchen, dass der Tod am Kreuz nicht das Ende sein würde – so wie es geschrieben war. Aber so einfach ist das manchmal in tiefer Not nicht. Und doch hat sich Jesus zu erkennen gegeben.

Das macht mir persönlich Mut. Es ist wegweisend für mein eigenes Glaubensleben. Denn wer für sich weiß, dass Gottes Liebe stärker ist als der Tod, der darf befreiter leben.

Ostern, ein Eier- und Hasenfest?
Beides, Eier wie Hasen, sind Zeichen für Ostern. Sie stehen als Symbol fürs Leben und für Fruchtbarkeit. Nach dem Fasten waren Eier damals eine willkommene Speise. Man freute sich, wieder Eier essen zu können, versteckte und suchte sie, und beschenkte sich auch mit ihnen, Verzierung inklusive. Seit der Antike ist der Hase ein Fruchtbarkeitssymbol. In der byzantinischen Ikonografie steht der Hase als ein Symbol für Christus, der im Tod das Leben gebracht hat. Da der Hase keine Augenlider hat und mit offenen Augen schläft, sah man ihn auch mit Jesus vergleichbar, der auch nicht durch den Tod entschlafen ist. Außerdem wurden früher Osterbrote oft mit Hasenbildern verziert und ganze Eier mit eingebacken. Dass der Hase die Eier bringt, wurde auch mit dem Erwachen der Natur am Ende der Fastenzeit in Verbindung gebracht.

Vatertag — auch für Jesus

Christi Himmelfahrt

Christi Himmelfahrt, der kleine Feiertag zwischen Ostern und Pfingsten, ist so ein typisch freier Tag, der in der Alltagsplanung eher als Hilfe für einen kleinen Kurzurlaub genutzt wird. Freitag einen Brückentag nehmen und schon sind vier Tage am Stück frei. Und heutzutage wird eher der Vatertag zelebriert als das christliche Fest.

Dass Männer durch die Gegend ziehen, hat seinen Ursprung im Berliner Raum, wo an Himmelfahrt sogenannte Herrenpartien stattfanden – ohne Frauen und mit Gebräu. Das hat sich dann zum sogenannten „Vatertag" entwickelt.

Die Himmelfahrt von Jesus wird mit einem beeindruckenden Erlebnis geschildert: *„Und es geschah, als er sie segnete, schied er von ihnen und fuhr auf gen Himmel"*[24] und dann *„wurde er vor ihren Augen emporgehoben, und eine Wolke nahm ihn auf, weg vor ihren Augen"*.[25] Das erklärt, wo Jesus sich jetzt befindet: Er sitzt zur Rechten Gottes, des himmlischen Vaters.

Also passt das Feiern des Vatertages irgendwie doch ganz gut, denn durch Jesus dürfen wir Gott „Vater" nennen.

DER GEBURTSTAG DER KIRCHE

Pfingsten

Der Name von Pfingsten ist Programm: Immer 50 Tage nach Ostern wird das Pfingstfest (abgeleitet vom griechischen Wort „pentekosté", der Fünfzigste) gefeiert. Ein Feiertag, der jedes Jahr anders fällt.

Pfingsten symbolisiert quasi den Startschuss des Christentums, denn die Botschaft dieses Festes erinnert daran, dass die Kirche weitermacht, und zwar mit und durch die Menschen – dadurch dass Gott den Menschen seinen Geist schenkt. Dieser überzeugte damals in Jerusalem die verzagten Jüngerinnen und Jünger Jesu mit einem heftigen Brausen und Feuerzungen davon: Jesus lebt! Jeder in Jerusalem konnte die Glaubenszeugen auf einmal verstehen, denn nachdem sie den Heiligen Geist empfangen hatten, war es ihnen möglich, in unterschiedlichen Sprachen die frohe Botschaft des Evangeliums zu verbreiten. Sie berichteten von dem, was sie mit Jesus erlebt hatten, und viele Menschen ließen sich daraufhin taufen. Die Kirche war geboren.

„Und es geschah plötzlich ein Brausen vom Himmel … und alle wurden erfüllt von dem Heiligen Geist."[26]

Wenn die Kirche durch den Ort zieht

Fronleichnam

Fronleichnam ist ein katholisches Fest und demonstriert den Glauben, dass die Gegenwart von Jesus Christus in der Eucharistie in Brot und Wein enthalten ist. Oder anders gesagt: Das Brot ist der Leib Christi, der Wein das Blut Christi.

Hier werden die Unterschiede zur evangelischen Kirche besonders deutlich. Bei den Protestanten ist Jesus Christus in der Abendmahlsfeier gegenwärtig, aber Brot bleibt Brot und Wein bleibt Wein. Die Gegenwart Jesu ist auf die Feier des Abendmahls beschränkt. Von daher ist es wohl für Protestanten unvorstellbar, die Hostie – also Jesus im katholischen Sinne – feierlich durch die Stadt zu tragen, wie es katholische Christen in vielen Gemeinden immer am zweiten Donnerstag nach Pfingsten tun.

Vor allem unter jungen Leuten gibt es Jahr für Jahr viele Spekulationen darum, was das Wort „Fronleichnam" eigentlich bedeutet. Der Begriff Fronleichnam stammt aus dem Mittelhochdeutschen. „Fron" bedeutet „Herr" und „Lichnam" heißt übersetzt „lebendiger Leib" – all das hat also nichts mit einer Leiche zu tun.

Mit Butterkeks zur Prozession

Meine Erinnerungen an die zahlreichen Fronleichnamsprozessionen sind allerdings ein wenig getrübt. Ich gebe gerne zu: Das Fest gehört nicht zu meinen Favoriten.

Dieser ganze Aufmarsch und die ellenlange Prozession haben immer schon stark an meinen Nerven gerüttelt. Zumal es an dem Tag meistens total heiß oder schwülwarm ist. Außerdem startet so eine Veranstaltung meistens in aller Hergottsfrühe und die Messdiener und Messdienerinnen, die natürlich keine Zeit zum Frühstück hatten, fallen entweder vor Hunger, vor Hitze oder wegen des Weihrauchs reihenweise um.

Ich hab mir angewöhnt, wenn ich mal hingehe, immer eine Flasche Wasser, Traubenzucker und eine Packung Butterkekse dabei zu haben. Für mich die Grundausstattung für Prozessionen oder andere langwierige Veranstaltungen unter freiem Himmel.

Unser tägliches Brot …

Erntedank

Wofür sind Sie dankbar? Erntedank ist nach Heiligabend der wohl beliebteste und meistbesuchte Gottesdienst.

Ich denke, weil das Fest auch schon im Kindergarten eine große Rolle spielt und weil es wichtig ist, Danke zu sagen. Und auch weil die Kinder im Familiengottesdienst und in der Vorbereitung den Ablauf der Jahreszeiten kennenlernen und nebenbei erfahren, wo die Lebensmittel herkommen.

Die Kinder bereiten sich oft schon wochenlang auf das Fest vor. Ihr Eifer und die liebevolle Gestaltung des Altars und der Kirche geben den Eltern Raum, um sich auf das zu besinnen, was wirklich zählt. Besucher bringen dann noch Lebensmittelgaben mit wie Äpfel, Kartoffeln, Kürbisse, die an Bedürftige gespendet werden.

Bemerkenswert ist, dass sich die Katholiken erst 1097 n. Chr. auf einen einheitlichen Termin für das Fest, den ersten Sonntag im Oktober, einigen konnten. Das liegt natürlich daran, dass im Norden die Ernte erst später eingebracht wird als im Süden der Republik. Die Protestanten wählen übrigens den Termin meistens frei.

Unbestritten ist aber, dass es an dem Tag viele unterschiedliche Bräuche gibt: vom Umzug bis zur Kirchweih, vom Almabtrieb bis zum Zwiebelmarkt. Auch die Gestaltung ist spannend anders in den unterschiedlichen Regionen: Es gibt Erntekronen, Strohpuppen oder Zwiebelzöpfe, um das Fest zu feiern.

Erntefeste sind so alt wie die Menschheit. Die Bibel kennt zwei solcher Feiern: Da wäre einmal das „Schawuot", das jüdische Wochenfest, das im Frühling stattfindet. Hier steht der Dank für die Erstlingsgaben im Mittelpunkt. Und dann gibt es noch das „Sukkot", das Laubhüttenfest. Es wird im Herbst nach der großen Ernte gefeiert und gehört bis heute zu den Hauptfesten in den jüdischen Gemeinden.

Bedingungslos geliebt von Gott

Reformationstag

Im Lutherjahr 2017 hatte am 31. Oktober erstmals ganz Deutschland einen Tag frei, um an die Zeit der Reformation zu erinnern. Man gedachte Martin Luthers, der vor 500 Jahren seine 95 Thesen an die Tür der Schlosskirche zu Wittenberg schlug und damit den Weg ebnete für die Entstehung der protestantischen Kirche. Luther war angetrieben von seinem Verständnis der Bibel, dass alle Menschen allein aus Gnade von Gott geliebt und angenommen sind und dass es keiner Gegenleistung oder Bedingung dafür bedarf, wie seitens der bisherigen Kirche praktiziert – vor allem durch den Ablasshandel.

Am Beispiel des Reformationstags zeigt sich ganz praktisch, wie Glaube unseren Alltag durchdringt: Einige Bundesländer haben nämlich auf Landesebene beschlossen, aus dem einmaligen Feiertag einen jährlichen zu machen. Die herausfordernde Aufgabe ist es allerdings, dem noch jungen Feiertag weiter Struktur und Tradition zu geben. Sich abzugrenzen vom kommerziellen Halloween-Fest und von dem katholischen Brauch, an Allerheiligen die Friedhöfe zu besuchen, um der Verstorbenen zu gedenken.

Im Grunde ist das aber für die protestantische Kirche eine riesengroße Chance, einen kirchlichen Feiertag modern, zeitgemäß und gefüllt mit Alltagsglauben zu gestalten.

Die Thesen Luthers sind heute so aktuell wie damals. Anlässlich der 500-Jahr-Feier war es damals vielerorts gelungen, sie in eine Sprache zu „übersetzen", die viele verstanden, sodass Glaube erfahrbar und spürbar wurde. Warum also nicht auch Jahr für Jahr beim Gedenken?

5. ZUVERSICHT ERFAHREN

Wer's glaubt wird selig

Die meisten Menschen, die ich kenne und die meines Alters sind, sprechen so gut wie nie über Glauben und Religion. Jedenfalls nicht im Alltag. Die jüngeren Leute meist noch weniger. Sie sollen ja heutzutage alles sachlich erfassen, ihr Leben planen und gut strukturieren, nebenbei ins Ausland reisen, dabei aber nicht ihre Heimat und Herkunft vergessen und so weiter und so fort.

Wir alle wissen um die unzähligen Anforderungen des Alltags, vielleicht sind wir auch ein Stück weit überfordert von den Möglichkeiten, die uns das Leben heute zum Glücklichsein bietet. Denn für die einen bedeutet Glück: Wer nicht mindestens einen Kreis von 828 Freunden hat, permanent mit Bekannten im Ausland skypt und jederzeit über die neuesten Trends Bescheid weiß, der kann doch gar nicht glücklich sein. Und für andere: mein Haus, mein Auto, meine Familie, meine kochende Küchenmaschine, meine Haushaltshilfe und mein Halbtagsjob. Es sind ihre Gradmesser fürs Glücklichsein.

Mit meinen religiösen Anwandlungen und Glaubenserfahrungen bin ich da oft allein auf weiter Flur; zumal die meisten Gespräche eher an der Oberfläche bleiben.

Manchmal aber spüre ich, dass Menschen aufgeschlossen sind für Spiritualität, Rituale und Glaubensbekundungen. Vor allem wenn ich mit meinem Sohn ins Fußballstadion gehe (nur zum HSV), dann merke ich schon recht bald, dass die Fans um mich herum dafür durchaus offen sind. Das kommt nicht von ungefähr, denn da gibt es ja Parallelen: Jedes Spiel im Stadion ist wie ein Gottesdienst komplett durchchoreografiert und jeder weiß zu jeder Zeit, was zu tun oder zu singen ist. Die Gesänge und Rufe klingen manchmal wie Stoßgebete und der Fußballgott wird mehr als einmal in jeder Fankurve angerufen.

Aber für gewöhnlich wird halt eher wenig über Gott geredet, über die eigene Sehnsucht, die Träume und den Glauben. Man scheint schlicht genug andere Sorgen zu haben, die den Alltag mühsam machen. Dass dann aber wiederum Kurse und Coachingseminare, die sich mit genau diesen Themen beschäftigen, boomen, ist doch bemerkenswert, oder?

Ich schwöre, wenn mir jemand daherkommt und fröhlich erzählt, dass er übers Wochenende ein Seminar für 1.500 Euro besucht, bei dem er Bäume umarmen wird, blaue Blumen sucht und sich ganz in die Stille versenkt, um endlich bei sich anzukommen, dann schleppe ich die

Person mal mit in einen Bußgottesdienst mit anschließendem Rosenkranzgebet und Anbetung.

Ich erlebe, wie um mich herum die Sehnsucht immer mehr zunimmt, den roten Faden fürs eigene Leben zu finden, die Sehnsucht nach Orientierung und Zusammenhalt, schlicht die Sehnsucht nach Glück! Nur warum wird der Glaube dabei so oft ausgeklammert und nicht einfach mal ausprobiert? Warum trauen sich so wenige Menschen, der Kirche durch regelmäßigen Kirchenbesuch über sechs bis acht Wochen mal eine Chance zu geben, Antworten auf ihre Lebensfragen zu finden? Oder in der Bibel danach zu suchen?

Gott versucht nicht, sich möglichst lange im Verborgenen zu halten. Er ist nahbar und erfahrbar. Und ihn zu suchen, bedeutet in erster Linie zu versuchen, mit ihm ins Gespräch zu kommen.

Ich bin aus eigener Erfahrung überzeugt: Wer sich drauf einlässt, der wird Antworten entdecken. Nicht umsonst heißt es in der Bibel: *„Bittet, so wird euch gegeben; suchet, so werdet ihr finden; klopfet an, so wird euch aufgetan. Denn wer da bittet, der empfängt; und wer da sucht, der findet; und wer da anklopft, dem wird aufgetan."*[27]

Sie sollten es einfach mal ausprobieren – ob nun Kirchenbesuch oder Bibellesen. Allein schon deshalb, weil so genug Zeit und Raum für die gepflegte Langeweile entsteht, in der man auch schon mal wieder zu sich selbst findet. Und das gratis!

Wer Vertrauen wagt, erlebt das Geschenk

Woran glauben Sie? – Im Allgemeinen ist das eine gute Einstiegsfrage in ein Gespräch oder um sich selbst einmal zu prüfen, denn jeder glaubt an irgendetwas – an sich selbst, an das Schicksal oder eben an Gott.

Auch werden sich die allermeisten gar nicht so schwertun mit der Antwort, denn unser individuelles Wertesystem – zunächst mal unabhängig von der Institution Kirche – unterscheidet sich meist gar nicht so sehr voneinander. Und so finden wir vielleicht viel mehr gemeinsame statt trennende Glaubenssätze.

„Glaube ist eine lebendige, verwegene Zuversicht auf Gottes Gnade (…) Und solche Zuversicht und Erkenntnis göttlicher Gnade macht fröhlich und lustig", heißt es von Martin Luther. Damit sich Zuversicht in uns entwickeln kann, braucht es vor allem die Dinge, die ich in den ersten Kapiteln beschrieben habe: Gottes guten Geist, der uns lockt und ruft für den Glauben und uns darüber hinaus ein Verstehen schenkt für das zweite Wichtige: das Lesen in der Bibel. Aus ihr erfahren wir, wie Gott ist. Und dann folgt das Ausprobieren: Bewährt sich das, was mir gesagt ist, in meinem Leben? Schafft dies in mir einen Raum, dass ich vertrauen kann? Bin ich bereit, mich weiter auf all das einzulassen?

Nur wer Vertrauen wagt, sich auf den Heiligen Geist und Gottes Fürsorge einlässt, wird auch erleben, welche

Kraft in dem Geschenk liegt, das Gott uns mit dem Glauben an ihn macht.

Anders ausgedrückt: Wer ein Leben lang davon träumt, mal eine Fernreise zu machen, der wird sich natürlich mit Reisedokumentationen beschäftigen, in ein Reisebüro gehen, Hunderte Internetseiten durchstöbern. Aber nur wenn man auch eines Tages seinen Fuß in den Flieger setzt und das Land bereist, wird man über die Schönheit staunen, ein Stück das Geheimnisvolle entdecken und gestärkt aus dieser Erfahrung in seinen Alltag zurückkehren.

Aus eigener Erfahrung weiß ich beispielsweise den Besuch eines Glaubenskurses zu empfehlen. Mein Mann und ich haben vor unserer Hochzeit 1991 an einem theologischen Grundseminar teilgenommen und das Auseinandersetzen mit der Bibel, den anderen Teilnehmern und Gesprächspartnern hat uns immer wieder zu Diskussionen angeregt, die uns in unserem Glauben weitergebracht haben.

Glaube ist wie eine abenteuerliche Reise. Gott verlangt kein riesengroßes Vertrauen. Nur so viel, dass Sie bereit sind, auch wirklich den ersten Schritt zu machen.

Zuversicht fürs Leben

Ist also nur der, der glaubt, glücklich? Das denke ich nicht. Aber derjenige, der weiß, dass das, was ihm da gerade widerfährt, noch einen tieferen Sinn hat – der in Niederlagen nicht ein Unglück, sondern eine Chance sieht, weil er an seine Beziehung zu Gott glaubt –, kann aus dieser Zuversicht Kraft schöpfen. Denn so eine Beziehung ist berechenbarer als der Zufall oder das Schicksal. Und es gibt in ihr Zusagen und Versprechen.

Vielleicht gibt es in Ihrem Leben Erfahrungen und Erlebnisse, die Sie immer noch beschäftigen, weil sie prägend waren. Warum die nicht mal dahingehend überprüfen, ob da nicht Gott seine Finger im Spiel hatte? Fragen Sie sich doch mal, wo in großer Sorge, in überschäumender Freude oder im zermürbenden Alltag auf einmal Licht am Ende des Tunnels war. Wie kam das? Oder wo war die Lösung für ein Riesenproblem plötzlich sonnenklar? War das bloß Zufall, Schicksal oder könnte da nicht auch Gott seine Hand im Spiel gehabt haben?

Ich persönlich finde Antworten darauf ganz wunderbar in den Seligpreisungen[28] der Bergpredigt wieder. Mit ihnen zeigt Jesus nämlich gleich zu Beginn seines Wirkens auf der Erde, worum es ihm geht: dass Menschen glücklich werden.

> **Selig, die arm sind vor Gott;**
> denn ihnen gehört das Himmelreich.
> **Selig die Trauernden;**
> denn sie werden getröstet werden.
> **Selig die Sanftmütigen;**
> denn sie werden das Land erben.

**Selig, die hungern und
dürsten nach Gerechtigkeit;**
denn sie werden gesättigt werden.
Selig die Barmherzigen;
denn sie werden Erbarmen finden.
Selig, die rein sind im Herzen;
denn sie werden Gott schauen.
Selig, die Frieden stiften;
denn sie werden Kinder Gottes genannt werden.
**Selig, die verfolgt werden um der Gerechtigkeit
willen;**
denn ihnen gehört das Himmelreich.
Selig seid ihr, wenn man euch schmäht und verfolgt
und alles Böse über euch redet um meinetwillen.
Freut euch und jubelt: Denn euer Lohn wird groß
sein im Himmel.

Fast alle diese Menschen, die laut Jesus selig sein werden, scheinen erst mal nicht ganz das große Los gezogen zu haben. Sie sind traurig, werden verfolgt, suchen die Gerechtigkeit ...

Trotzdem werden sie *selig* beziehungsweise *glücklich* genannt – warum?

Die Seligpreisungen sind als eine Art Code fürs Glück zu verstehen, denn „selig" heißt einfach „glücklich zu nennen". Insofern bedeutet dies: Wer es wagt, sich auf diesen

„Code" fürs Glück (diese Lebenshaltungen) einzulassen, wird ein erfülltes und glückliches Leben haben. Und das bedeutet wiederum: Leidvolles darf und muss in die Haltung zum Leben integriert werden, denn es gehört schlicht zum Leben dazu.

Ganz kompakt zeigen die Seligpreisungen, wie man Glauben findet und was dieser bewirkt. Insofern ermutigt Jesus mit den Seligpreisungen zum Glauben, dass selbst wenn uns Schweres widerfährt, doch irgendwo am Horizont wieder das Glück wartet. Das hat Gott den Menschen übrigens auch bereits im Alten Testament versprochen, indem er nach der Sintflut das Zeichen des Regenbogens sandte.

Regenbogen über dem Containerschiff

Ich schicke bei jedem Regenbogen, den ich sehe, immer ein Stoßgebet zum Himmel, denn als ich als ganz junge Frau mit einem kleinen Baby gemeinsam mit meinem Mann nach Hamburg fuhr, da war mir wirklich zum Heulen zumute. Ich saß eingeklemmt zwischen Trittleiter und Umzugskartons hinten im Wagen und unser Baby lag in seiner Sitzschale auf dem Vordersitz. Wir zogen in eine völlig fremde Stadt, in eine Wohnung, die ich nicht kannte, und brachen auf in ein Leben, das mir nicht vertraut war.

Mir war angst und bange vor dem neuen Lebensabschnitt. Ich malte mir während der ganzen fast vierhundert Kilometer weiten Fahrt nur die schlimmsten Bilder aus vom Leben so weit weg von zu Hause.

Kurz vor dem Elbtunnel, mit der Aussicht gleich da zu sein, kamen mir endlich die Tränen und ich starrte mutlos aus dem Autofenster, als sich ein Regenbogen quer über Containerschiffe und Hafenbecken spannte. Ich hatte früher in meinem Mädchenzimmer einen Regenbogen an die Wand gemalt, damit ich jeden Morgen und Abend vor dem Einschlafen als erstes etwas Positives sehen würde.

Das Zeichen am Himmel über Hamburgs Containerschiffen nahm ich nun wirklich persönlich und als gutes Omen. Mich hat danach nur noch selten der Mut verlassen.

Ganz hinten wartet das Glück – das hat Gott uns auch mit seinem Sohn Jesus Christus versprochen, der für uns durch das tiefste Leid gehen musste, um aufzuerstehen wie wir es auch einmal werden.

Wer das glauben kann, der hat sein Glück nicht auf Sand gebaut, der kann sich fallen lassen und auch im Leiden darauf vertrauen: den Weg zum endgültigen Glück muss ich nicht alleine gehen.

Es gibt diesen berühmten Spruch von Oscar Wilde, der für mich perfekt beschreibt, warum der Gläubige zum Schluss wirklich selig sein kann: „Am Ende wird alles gut. Und wenn es noch nicht gut ist, dann ist es noch nicht das Ende."

Alles fängt mit den leeren Händen vor Gott an, dem ersten Satz in den Seligpreisungen. Denn jeder, der aufhört, aus eigener Leistung vor Gott auftrumpfen zu wollen, wird von Gott beschenkt. Falls Sie zwischenmenschlich an jemandem schuldig geworden sind, wird er vergeben. Wenn Sie sich nach erfülltem Leben sehnen, wird Gott Ihren Durst stillen. Und wenn Sie sich für eine Sache einsetzen, werden andere Ihr Herz erkennen.

Die Seligpreisungen helfen uns beim Perspektivwechsel. Nicht mehr ich muss, sondern ich darf – empfangen, staunen, zur Ruhe kommen. Weil Gott mich beschenkt.

Ich kann nur Mut machen, dem Glauben eine Tür zu öffnen und die vielen Zeichen, die es immer wieder gibt, zu erkennen. Meine feste Überzeugung ist, das Christentum hätte sich niemals über zweitausend Jahre halten können, wenn da nichts dran wäre – an einer frohen und zuversichtlichen Botschaft!

6. DAS GUTE ERKENNEN

Glaube als Geschenk annehmen

Für mich ist der Glaube eins der größten Geschenke, die ich in meinem Leben bekommen habe. Ich empfinde es als Gnade, dass ich glauben darf.

Das bedeutet nicht, dass ich glaube, mir würde nichts Schlimmes passieren oder dass das Leben einfach sei. Aber wenn Schweres eintrifft, habe ich durch meinen Glauben eine Haltung. Nämlich dass ich fest darauf vertraue, dass Gott mich auch durch solche Zeiten begleiten wird. Dass es wieder gut werden wird. Und dass ich nicht mehr aufgebürdet bekomme, als ich tragen kann.

Dabei hilft mir die tiefe Liebe zu meiner Familie, von der ich auch nicht genau weiß, woher sie kommt, an die ich immer wieder neu glauben darf, mich im Vertrauen auf Gott einzulassen.

Liebe, Emotionen, Hoffnungen sind genauso Geschenke wie der Glaube. Sie sind auch nicht erklärbar, sondern nur spürbar. Woher sollen sie kommen, wenn nicht von Gott? Ich denke, darum ist die Liebe, die uns alle umgibt, der Schlüssel zum Glauben.

Wie oft haben Sie schon mal etwas geschenkt bekommen, das Ihnen auf den ersten Blick, vielleicht sogar auch da-nach, überhaupt nicht gefallen hat?

Vielleicht relativ oft und unsere gute Erziehung verbietet es, das Präsent sofort wieder zurückzugeben. Wir gewöhnen uns dann im Laufe der Zeit an das Teil, beispielsweise die neumodische Zitronenpresse. Und wenn uns der damals Schenkende besuchen kommt, dann holen wir sie extra und gerade noch rechtzeitig aus der Küchenschublade hervor und platzieren sie auf der Arbeitsplatte. Zum Glück wussten wir, wo wir die Presse verstaut hatten … Nach dem Besuch bleibt sie dann eine Weile auf der Arbeitsplatte stehen, fast unbemerkt und wir fangen an, sie doch in unseren Alltag zu integrieren und stellen fest: So schlecht funktioniert die Zitronenpresse doch gar nicht, vielleicht benutz ich die ab jetzt öfter.

So ähnlich verhält sich das auch mit dem Glauben.

Als Kinder haben wir die Geschichten von Adam und Eva, vom lieben Gott und von Jesus gehört. Oma hat abends immer ein kleines Gebet gesprochen und die meisten von uns sind zur Erstkommunion oder zur Konfirmation gegangen. Uns wurde der Glaube an das Gute quasi geschenkt und wir haben als Kind all das gerne mitgenommen und geglaubt. Doch dann ist dieser Kinderglaube irgendwie in eine Schublade geraten, er wurde wie ein nicht willkommenes Geschenk abgewertet und als naiv bezeichnet.

Das Geschenk des Glaubens geriet ganz weit in den Hintergrund. Das Leben hat unser Leben geprägt und geformt, wodurch die Zweifel mächtiger wurden. Und doch spürt man da eine kaum fassbare Sehnsucht nach Trost im Leid, nach Dank, nach Jubel aufgrund eines freudigen Ereignisses.

„Werdet wie die Kinder!"[29], lautet der Apell von Jesus an der Stelle, der die Schublade wieder öffnen will und sicher damit meint, wieder näher an sein Herz zu rücken. Glaube an sich hat ja auch viel mit der Seele zu tun.

Was hindert uns also daran, Schubladen zu öffnen und wieder neu ein Geschenk zu entdecken, dessen Schönheit und Nutzen wir für unser Leben so lange links liegen gelassen haben?

Unser Verstand? Nein, der hindert nicht, der gehörte vielmehr immer schon dazu – wenn bei den Großeltern vor dem Essen das Tischgebet gesprochen wurde, in der Grundschule die ersten Bibelgeschichten erzählt wurden oder wir das Vaterunser lernten. Denn ganz ohne Auseinandersetzung mit biblischen Texten und dem Austausch mit anderen darüber kann das Geschenk des Glaubens nicht gedeihen.

Und zum Erwachsenwerden gehört auch, sich von einem gar zu naiven Kinderglauben zu verabschieden. Bei aller Reflexion und Abnabelung dürfen wir aber erkennen: Gott verdient kein Misstrauen. Wirkliche, grenzenlose und bedingungslose Liebe, das ist er! Im Glauben wachsen, erwachsen werden bedeutet: Wir dürfen auf Gott vertrauen und so Leben finden in Fülle.

Es kommt also darauf an, den Blick auf die vielen nicht fassbaren Dinge des Lebens zu lenken und dadurch dem Glauben und Staunen wieder näherzukommen. Ich bin überzeugt, das kann gelingen.

Ich finde es super, dass Jesus dahingehend von uns erst einmal gar nicht so viel erwartet – nur ein Senfkorn voll Glaube. Doch das reicht aus, um Berge zu versetzen!

„Denn wahrlich, ich sage euch, wenn ihr Glauben habt wie ein Senfkorn, so werdet ihr zu diesem Berg sagen: Werde versetzt von hier nach dort!, und er wird versetzt werden; und nichts wird euch unmöglich sein." [30]

Unfassbar und zugleich gewaltig, welche Kraft im Glauben steckt. Ich brauche nur dieses kleine Quäntchen Vertrauen auf Gott und schon sieht die Landschaft meines Lebens anders aus. Berge, die vor uns liegen, weichen und schenken uns eine veränderte Perspektive

Warum tun wir uns damit so schwer, dem Glauben das zuzutrauen? Verhält es sich nicht bei der Liebe genauso? Auch sie ist nicht mit dem Verstand messbar, die Hoffnung darauf nicht erklärbar. Doch wenn wir sie gefunden haben, dieses Vertrauen in eine Person investiert haben, in die Liebe unseres Lebens, schenkt das einen neuen Blick auf all das, was vor einem liegt. Ähnlich ist es auch mit unseren Träumen, Wünschen und Sehnsüchten. Sie sind rational meist nicht zu erklären und doch bereichern sie unser Leben. Ohne sie wäre unser Leben traurig und arm.

Glaube bedeutet immer zu vertrauen. Als Kind schien uns das in puncto Glaube vielleicht leichter zu fallen. Nur warum sind wir heute als Erwachsene oft so berührt von dem, was wir in Kirche und Alltag finden und was irgendwie mit Gott in Verbindung steht? Kann es sein, dass wir uns nur wieder trauen müssen, das Gute zu erkennen und auszupacken als Geschenk für unser Leben?

> „Ihr seid von Gott geliebt,
> seid seine auserwählten Heiligen.
> Darum bekleidet euch mit aufrichtigem Erbarmen,
> mit Güte, Demut, Milde, Geduld.
> Ertragt euch gegenseitig und vergebt einander,
> wenn einer dem anderen etwas vorzuwerfen hat.
> Wie der Herr euch vergeben hat, so vergebt auch ihr.
> Vor allem aber liebt einander,
> denn die Liebe ist das Band,
> das alles zusammenhält und vollkommen macht.
> In euren Herzen herrsche der Friede Christi;
> dazu seid ihr berufen als Glieder des einen Leibes.
> Seid dankbar.
> Das Wort Christi wohne mit seinem ganzen Reichtum bei euch.
> Belehrt und ermahnt einander in aller Weisheit.

Singt Gott in eurem Herzen,
Psalmen, Hymnen und Lieder,
wie sie der Geist eingibt,
denn ihr seid in Gottes Gnade.
Alles, was ihr in Worten und Werken tut,
geschehe im Namen Jesu des Herrn.
Durch ihn dankt Gott, dem Vater."
Kolosser 3,12–17[31]

Liebe als Band,
das alles zusammenhält

Bei der Vorbereitung zu unserer Silberhochzeit 2017 hatte ich lange in der Bibel nach einem Lesungstext gesucht. Den nebenstehenden Text aus dem dritten Kapitel des Kolosserbriefs habe ich dann gerne und voller Überzeugung im Gottesdienst vorgelesen.

Für mich beschreibt dieser Text des Apostels sehr genau, wie mein Markus und ich versuchen, unsere Ehe und unseren Alltag zu leben. Aufgrund der beruflich bedingten Pendelei zwischen Hamburg und Köln ist unser Miteinander durchaus herausfordernd und seit fast zehn Jahren geprägt von vielen Stunden und Tagen ohne einander. Trotzdem versuchen wir stets im Gespräch zu bleiben und unsere Liebe frisch zu halten.

In den vergangenen 25 Jahren Ehe haben wir uns oft gestritten. Manchmal sind es ja gerade diese unfassbar unwichtigen Kleinigkeiten, die einen zweifeln lassen am anderen und an sich selbst. Als ich beispielsweise neulich nach längerer Abwesenheit wieder nach Hause kam, musste ich zu meinem Entsetzen feststellen, dass mein Mann vergessen hatte (wohl über Wochen) die über zwanzig Jahre alten Buchsbäume zu gießen. Total vertrocknet standen meine sorgsam gepflegten Pflanzen nun traurig gelb in ihren Töpfen.

Ich schwankte zwischen Wut und Zorn, denn ich war arg enttäuscht über die Lieblosigkeit, die sich mir auf der

Terrasse zeigte. Zumal die Brennnesseln mittlerweile auch noch hüfthoch in den Beeten gewachsen waren.

Aber … sollte ich jetzt das kostbare Wochenende mit einem Riesenstreit beginnen oder mich doch auf den Satz aus der Lesung besinnen: *„Ertragt einander und vergebt einander, wenn ihr euch etwas vorzuwerfen habt."*

Ich entschied mich für die streitlose Variante, nachdem ich gegoogelt habe, wo ich neue Buchsbäume in der Größe bekommen würde und verkniff es mir mit zusammengebissen Zähnen, auf den Missstand hinzuweisen. Anschließend packte ich oben meinen Koffer aus. Als ich wieder herunterkam, rupfte mein Mann gerade die Brennnesseln aus und ich beschloss, mich mit einem Glas Wein zu ihm zu gesellen.

Wir haben in unserer Ehe viele glückliche Stunden miteinander verbracht, standen aber auch immer wieder vor Schwierigkeiten (oft vor großen), in denen uns schlussendlich auch der Glaube geholfen hat, sie zu überwinden. Im Dankgebet im Gottesdienst zur Silberhochzeit habe ich das so formuliert:

Dankgebet zur Silberhochzeit

Lieber Gott,
mit großem Dank stehen wir beide heute nach 25 Jahren wieder vor Dir und freuen uns, dass wir nach der langen Zeit immer noch zusammen sind und unserer Liebe füreinander gewiss sind.

Es war ja nicht immer alles leicht und froh, es war ja längst nicht alles eitel Sonnenschein. Es war ja längst nicht jeder Tag von reinem Glück und holder Freude geprägt. Wie leicht hätten wir uns in den letzten 25 Jahren zerreiben können in all unserer Verschiedenheit.

Aber in Zeiten von Krankheit und Sorge, Angst und Verzweiflung, haben wir uns getragen gefühlt von Dir und konnten so einander trösten.

Und in Zeiten von Zorn und Streit, von großem Verdruss und Enttäuschung haben wir deutlich Deinen guten Geist gespürt. Der uns den Mut und das Zutrauen gab, wieder aufeinander zuzugehen. Der uns ein Lächeln entlockte und uns so die Herzen öffnete – füreinander und für unsere Liebe.

So konnten wir uns immer wieder neu für uns entscheiden. Dafür sind wir heute dankbar und erbitten auch für die kommenden Ehestürme Deinen Segen.

Amen.

In der Rückschau sind es vielfach die Rituale innerhalb der Familie gewesen, die geholfen haben, wieder zueinander zu finden: das gemeinsame Abendessen, das meist mit einem kleinen Tischgebet oder Lied begann; das Zu-Bett-bringen der Kinder mit einer Geschichte für jeden und einem guten Wunsch für die Nacht; und wenn ich meinem Sohn „*Der Herr segne und behüte dich …*" vorsang, wurde meistens auch meine Seele ruhiger und meinem Mann ging es genauso.

Ich denke, dass so ein fester Rahmen von religiösen Ritualen bei kleinen Eheproblemen hilft. Außerdem haben wir beide unseren Glauben immer gemeinsam aktiv gelebt: im Chor, in der Gestaltung der Erstkommunionvorbereitung oder von Gottesdiensten und im gemeinsamen Musizieren! Gemeinsam ein Lied zu singen, das im Refrain lautet *"So ist Versöhnung, so muss der wahre Friede sein!"*[32], ist für beide ja schon fast eine Aufforderung.

Gott sei Dank haben wir, seit wir verheiratet sind, die ganz großen Krisen umschiffen können oder sie sind uns erspart geblieben. Die Sache mit den Buchsbäumen war jetzt auch kein gewaltiger Sturm. Der Hauch von dicker Luft ließ sich mit einer Fahrt ins Gartencenter leicht wieder beheben. Und nun warte ich halt in aller Liebe darauf, dass er auch noch das zweite Beet vom Unkraut befreit.

Nun aber bleiben Glaube, Hoffnung, Liebe, diese drei; aber die Liebe ist die größte unter ihnen.[33]

Alle Dinge sind dem möglich, der da glaubt

Dieses Bibelwort aus dem Markusevangelium[34] haben mein Mann und ich ganz deutlich während der Pubertät unserer Kinder erfahren. Ehrlich gesagt war das für uns beide eine sehr, sehr harte Zeit. Ich arbeitete damals schon unter der Woche in Köln, und mein Mann in Hamburg hielt mir zwar den Rücken frei, hatte aber auch seine Arbeit. Ohne zu sehr ins Detail zu gehen, wir kamen uns oft vor, wie von allen guten Geistern verlassen: immer neue Probleme, immer größere Baustellen und ein ständiges Hinterfragen, ob der eingeschlagene Weg der richtige sei. Das war zermürbend und ich konnte mit meinem Glaubensgeschenk in dieser Zeit so gar nichts anfangen.

Die Vorstellung, dass alles gut werden würde, und zwar bitte möglichst schnell, bewahrheitete sich leider nicht. Die Zukunft war mehr als ungewiss.

Als dann in einer langen Nacht auch mein Mann seine Mutlosigkeit zum Ausdruck brachte, rollte ich mich im Bett zusammen und betete nach langer Zeit wieder: „Lieber Gott, jetzt bist du dran. Ich kann nicht mehr."

Und es kam mir so vor, als würde mein müder Kopf wie von selbst die wenigen Worte des Herzensgebets sprechen: „Herr Jesus Christus, erbarme dich meiner ..." Immer wieder und wieder, bis ich langsam ruhiger wurde und über dem meditativen Wiederholen des Textes endlich einschlief.

Am nächsten Morgen sah unsere Welt immer noch nicht viel besser aus, aber ich war viel ruhiger geworden. Irgendwie war ein innerer Friede in mir eingekehrt und ich hatte einen klareren Blick auf die Situation. Meinem Mann ging es ähnlich und der Start in den Tag war von leichtem Mut geprägt.

Ich bin Gott sehr dankbar, dass er mich aus dem Tief dieser Nacht gestärkt aufweckte, denn mit diesem anderen Blick gelang es uns, besser auf die Kinder einzugehen und sie auf einem hoffentlich guten Weg weiter zu begleiten. Ein wenig so, wie es der Liedermacher Clemens Bittlinger in seinem Lied „Schritte wagen"[35] beschreibt.

> Schritte wagen im Vertrau'n auf einen guten Weg.
> Schritte wagen im Vertrau'n, dass letztlich Er mich trägt.
> Schritte wagen, weil im Aufbruch ich nur sehen kann:
> für mein Leben gibt es einen Plan.
>
> Schritte kann man manchmal sehen,
> Spuren, die noch nicht verweht,
> Wege, die auch andre gehen,
> ob da jemand vor mir geht?
>
> Schritte kann man manchmal hören,
> Kinder trippeln, Stöckelschuh,
> Gleichschrittschritte, die mich stören,
> Schritte kommen auf mich zu.

Schritte kann man manchmal spüren,
Freude will mit mir hinaus.
Füße fangen an zu frieren,
tanzen sie sich dann nicht aus?

Schritte kann man sich erdenken,
klug beschreiben einen Schritt.
Manches kann man sich auch schenken,
nimmt der Kopf den Fuß nicht mit.

Schritte kann und darf man gehen,
Schritte führen uns zum Ziel.
Ohne Schritte bleibst du stehen
und verpasst dabei so viel.

Besinnen auf das Geschenk des Glaubens

Ich kann nur glauben, dass der Glaube einfach geht, dass in welcher Form auch immer Hilfe naht, wenn ich auf Gott vertraue.

Ich kann das nur glauben, denn ich hab es selbst immer wieder erleben dürfen. Für mich sind die Erfahrungen und Begegnungen mit gläubigen und tätigen Christen immer wieder der Beweis, dass die frohe Botschaft wahr ist! Immerhin hält sich die fixe Idee des Christentums schon über 2.000 Jahre! So falsch kann die „Sache Jesu" ganz pragmatisch gesehen dann doch nicht sein! Es braucht halt Menschen, die anderen Mut machen zu glauben, zu wagen und neu zu denken!

Mir hat dabei in meiner Kindheit und Jugend eine Ordensschwester geholfen, mit der ich viel Zeit verbracht habe. Schwester Gundula leitete unsere Kindergruppe und war eine enge Freundin der Familie. Auch mit den anderen Schwestern, die im Schwesternhaus nahe unserer Wohnung lebten, hatte ich regen Kontakt. Allein schon deshalb, weil ich dort einmal die Woche die Kirchenzeitung abholen musste, die ich dann per Fahrrad austrug, um mir ein wenig Geld dazuzuverdienen.

Damals lebten die Nonnen im Konvent, die jüngeren waren zivil gekleidet, die älteren trugen Tracht. Für mich war es damals also ein ganz normaler Anblick, wie Schwester Richarde mit Schürze über der Tracht und weit nach hinten gerutschtem Schleier im Garten schaufelte. Schwester Georga leitete die Altentagesstätte und ist bis heute berühmt für ihr Talent beim Theaterspielen.

Ab und zu durfte ich als Kind mal im Wohnzimmer der Ordensfrauen auf etwas oder jemanden warten, und da hab ich mir gerne die sogenannte „Urregel" der „Schwestern von der Göttlichen Vorhersehung"[36] durchgelesen:

> Die Schwestern der Vorsehung
> sollen auch in ihren Religionsübungen
> alles Außergewöhnliche
> und Auffallende vermeiden
> und die ihnen Untergebenen
> zu nichts Ungewöhnlichem anhalten.
>
> Sie sollen im Äußeren natürlich,
> einfach und bescheiden,
> aber heiter und freudig erscheinen
> und sollen als die wichtigste
> ihrer Religionsübungen
> das Arbeiten für Gottes Ehre
> und für das Wohl ihrer Nebenmenschen
> betrachten.
>
> Sie haben sich vor einem traurigen
> weichlichen und andächtelnden Wesen

> zu hüten und sollen sich eines heiteren, offenen und freudigen Gemütes und eines unbefangenen Benehmens befleißigen.

Ich wollte nun wirklich nie Nonne werden, aber die Regel, wie ein christlich geführtes Leben Ausstrahlung entfalten und für andere gewinnend sein kann, fand ich als junger Mensch genauso einleuchtend wie heute als erwachsene Frau. Zumal ich bei den Schwestern merkte, wie ernst sie ihren Auftrag nahmen. Das hat mich fasziniert und neugierig gemacht auf ein Leben verwurzelt im Glauben.

Insofern versuche ich mich gerade in meinem Berufsleben auf die Werte zu besinnen, die ich in meiner Jugend gesammelt habe. Um nicht abzudrehen, geerdet zu bleiben und mich nicht zu verlieren.

Ich hab mir immer gerne angeschaut, wie andere Lebensentwürfe gelingen und bin dann später im Sonntagsdienst im Krankenhaus St. Bernhard wieder mit Ordensfrauen in Berührung gekommen.

Meine Stationsschwester war wahnsinnig streng und penibel und von ihr habe ich gelernt, dass etwas tatsächlich sauber wird und schön bleibt, wenn es vernünftig gepflegt wird. Ich musste nach dem Dienst immer die alte Edelstahlspüle sowie die riesige Arbeitsfläche putzen und trockenwienern. Ergebnis: Sie sah nach Jahren noch aus wie neu!

Zum 50. Jubiläum des Krankenhauses waren viele der Franziskanerinnen, die das Hospital damals aufbauten, anwesend und ich durfte den Festakt moderieren.

In der Vorbereitung wurde mir deutlich, wie sehr die mutigen Frauen in den späten 1960er-Jahren für den Erfolg des Krankenhauses verantwortlich waren. Die Zeit, dass Frauen die Unterschrift ihres Mannes brauchten, um überhaupt arbeiten zu gehen, war noch gar nicht lange vorbei und die meisten blieben zu Hause. Und dann kommen da die Nonnen aus Münster und prägen über 40 Jahre das Leben in einem Krankenhaus, bauen es auf und hinterlassen Spuren in vielen Herzen der Menschen.

Für mich sind das starke Frauen, die entgegen dem Zeitgeist Verantwortung übernommen haben, sich im Konvent immer wieder zusammenrauften und mit Leib und Seele für die Kranken da waren.

Ich hab selbst erlebt, wie Ärzten der Schweiß ausbrach, wenn sie unter den gestrengen Blicken der Schwester irgendwas mit dem Patienten anstellten, wie Patienten ruhiger wurden durch ein liebes Wort oder ein gemeinsames Gebet, wie segensreich sich das Wirken der Frauen auf das Haus auswirkte. Im aktuellen Leitbild heißt es: *„Geprägt durch den hl. Franziskus und durch das Wirken der Ordensschwestern begegnen wir den Menschen mit Liebe und Achtung, mit Geduld und Freundlichkeit."*

2016 haben die letzten vier Schwestern das Krankenhaus verlassen, aber ihr Geist ist immer noch deutlich spürbar.

Nachwort

Ein Angebot, das uns umgibt

Bei meiner journalistischen Arbeit habe ich gelernt, immer kritisch, aufmerksam und generell sehr skeptisch zu sein. Das fängt schon bei der Themenfindung an. Wenn da ein Kollege vorschlägt: „Ich glaube, Pürierstäbe interessieren die Verbraucher …", fordere ich schnell Fakten, um das beschriebene Gefühl zu untermauern. Das Ergebnis der Recherche muss überzeugend sein, damit wir objektiv entscheiden können, ob wir das Thema für einen Beitrag aufgreifen.

Zu Beginn dieses Buchs habe ich gesagt: Wenn mir einer sagt: „Ich habe mit Gott, Glaube und Kirche nix am Hut!", dann macht mich das traurig, über die vielleicht verpasste Chance, einen Weg zum Glücklichsein zu finden. Und anschließend habe ich Ihnen Fakten geliefert, wie sehr unser alltägliches Leben vom Glauben durchdrungen ist. Nicht nur durch Symbole, Kirchtürme und Feste, sondern auch durch tätige Nächstenliebe. Sichtbarer wie gelebter Glaube, der uns überall begegnet und von dem wir uns Zuversicht und Lebensglück abschauen können – sofern wir ein offenes Herz dafür haben.

Doch den Schritt, diesen Glauben ins eigene Leben zu integrieren, ihn auszuprobieren und seine Kraft zu erfahren, müssen Sie schon selbst machen. Vielleicht hat Sie das Buch ja ermutigt, wieder oder zum ersten Mal Offenheit und Vertrauen gegenüber dem Thema Glaube zu haben, und zwar ohne Scheu – ganz natürlich. So wie es mir einmal folgende Situation verdeutlicht hat:

Ein guter Wunsch

Ein Nachmittag mit meinen Neffen in Köln: Der Abstecher in den Dom gehörte mit dazu — natürlich mit meinem „Guck-jetzt-nach-oben-Trick".

„Boah," entfuhr es da dem Älteren der beiden. „Hier wohnt der liebe Gott."

„Wollt ihr eine Kerze anzünden?", fragte ich.

Der Jüngere wollte wissen, warum man das tut.

„Ach," sagte ich „du kannst dabei an jemanden denken, dem es vielleicht gerade nicht so gut geht, und wenn du magst einen guten Wunsch, also ein kleines Gebet, sprechen."

Mit heiligem Ernst entzündeten wir eine Kerze und der Große stellte sie vorsichtig ab. Auf meine Frage, an wen er gerade dachte, antwortete er: „An den Opa." Und sein Bruder ergänzte: „Dass er wieder gesund wird! Meinst du, das hilft ihm?"

„Was denkst du denn?", fragte ich.

„Ich glaube schon."

Mir war bis zu diesem Zeitpunkt gar nicht klar, dass sie von der Krebserkrankung ihres Opas wussten.

Ein paar Wochen später trafen wir uns alle bei einer Familienfeier und Gott sei Dank: Opa ging es viel besser. Darauf stürmte der Große an den Tisch und verkündete froh: „Wir haben ja auch im Dom eine Kerze für dich angezündet und einen guten Wunsch gesprochen. Meinst du, das hat geholfen?"

Mit Tränen in den Augen schloss der Opa seine Enkel in die Arme und raunte ihnen zu: „Das habt ihr für mich gemacht? Eine Kerze angezündet und gebetet? Das hat mir ganz bestimmt geholfen; das glaube ich!"

In Deutschland werden jährlich Hunderttausende solcher Kerzen in Kirchen entzündet. Alle mit einem Gebet, das hoffentlich erhört wird. Wir wissen: Nicht immer geschieht das. Trotzdem dürfen wir Vertrauen haben, dass Gott bei uns ist. Dass mein Glaube mir persönlich in allen Lebenslagen eine große Zuversicht ist, empfinde ich als Gnade, wirklich als ein Geschenk.

Jede Gottesbeziehung ist da anders. Doch bei einer Sache bin ich mir sicher: Auch Sie erwartet ein Geschenk, das Ihr Leben bereichern und begeistern wird, wenn Sie nur dem, was Sie ohnehin schon umgibt, Vertrauen schenken.

Quellen

Die Bibelzitate wurden folgenden Übersetzungen entnommen:

BasisBibel. Neues Testament und Psalmen. ©2012 Deutsche Bibelgesellschaft, Stuttgart. (BB)

Einheitsübersetzung der Heiligen Schrift, vollständig durchgesehene und überarbeitete Ausgabe. © 2016 Katholische Bibelanstalt, Stuttgart. Alle Rechte vorbehalten. (EIN)

Gute Nachricht Bibel, revidierte Fassung, durchgesehene Ausgabe. © 2000 Deutsche Bibelgesellschaft, Stuttgart. Alle Rechte vorbehalten.

Hoffnung für alle, Copyright © 1983, 1996, 2002, 2015 by Biblica Inc.. Verwendet mit freundlicher Genehmigung des Herausgebers Fontis, Basel. Alle weiteren Rechte weltweit vorbehalten. (Hfa)

Die Bibel nach Martin Luthers Übersetzung, revidiert 2017. © 2016 Deutsche Bibelgesellschaft, Stuttgart. (LU)

Menge Bibel. Die Heilige Schrift übersetzt von Hermann Menge. (MEN)

Neue evangelistische Übersetzung. © 2018 by Karl-Heinz Vanheiden, www.kh-vanheiden.de. (NeÜ)

Neue Genfer Übersetzung. © 2011 Genfer Bibelgesellschaft, Genf. (NGÜ)

Endnoten

1 Text: Georg Neumark 1657.
2 Römer 8,26 (NGÜ).
3 Johannes 8,12 (GNB).
4 Micha 6,8 (NeÜ).
5 1. Mose 1 (LU).
6 Hebräer 11,1 (MEN).
7 Volxbibel Verlag, Martin Dreyer
8 1. Mose 2,1-3 (EIN).
9 Aus: Rudolf Otto Wiemer: Der Augenblick ist noch nicht vorüber, Kreuz Verlag, Stuttgart 2001, © Rudolf Otto Wiemer Erben, Hildesheim.

10 Hebräer 13,2 (MEN).
11 Aus: Schwarz, Andrea: „Ich mag Gänseblümchen", Herder Verlag, Freiburg 2007, S. 4–5.
12 Dicks, M: „Die Abtei Camp am Niederrhein", Thomas Druckerei und Buchhandlung GmbH, Kampen, S.183.
13 Markus 10,25 (LU).
14 Originalfassung des Gedichts Footprints © 1964 Margaret Fishback Powers. Deutsche Fassung des Gedichts Spuren im Sand, © 1996 Brunnen Verlag, Gießen.
15 Aus: Barbara Robinson: Hilfe, die Herdmanns kommen, Verlag Friedrich Oetinger, Hamburg 1974.
16 nach Johannes 2,7
17 Johannes 2,8 (BB).
18 Jesaja 9,5 (Hfa).
19 Johannes 1,11 (BB).
20 Johannes 1,11-12 (BB).
21 siehe 3. Mose 16,1-28.
22 nach 1. Mose 3,19.
23 Lukas 24,32 (NGÜ).
24 Lukas 24,51 (LU).
25 Apostelgeschichte 1,9 (LU).
26 Apostelgeschichte 2,2-4 (LU).
27 Matthäus 7,7-8 (LU).
28 Matthäus 5,5-12 (LU).
29 Matthäus 18,3 (LU).
30 Matthäus 17,20 (LU).
31 Nach der Einheitsübersetzung.
32 Der Refrain stammt aus dem Lied „Wie ein Fest nach langer Trauer" von Jürgen Werth.
33 1. Korinther 13,13 (LU).
34 Markus 9,23 (LU).
35 „Schritte wagen" von Clemens Bittlinger. © Rechte beim Urheber.
36 Aus: Regeln für die Genossenschaft der Schwestern von der göttlichen Vorsehung im Waisenhaus auf St. Mauritz bei Münster bestätigt am 29. November 1844 vom Bischof Caspar Maximilian Bischof von Münster.